每一个时代，都是历史的片断

从时间深处静静走来，向崭新的未来绝尘而去

随着现代化进程不断推进

一些作为历史见证的文化印记却悄然消失在人们的视野中，甚至记忆里

而那当中有我们民族的血脉，有我们每个人的根

方言承载着一方水土的文化基因

岁月流转

熟悉的俚语却正在改变

致我们正在消逝的

文化印记·百变方言

阎晓明 主编

中国广播影视出版社 CNR

《致我们正在消逝的文化印记·百变方言》编委会

主　　编：阎晓明

副 主 编：赵子忠、赵忠颖、刘晓龙、杨文延、
　　　　　史　敏、姜海清

编委会成员：潘晓闻、蔡小林、蔡万麟、刘智力、
　　　　　李存星、胡国华、高　岩、魏漫伦、
　　　　　朱宏钧、赵　薇、尹亦诚、彭忠蛟、
　　　　　陶　磊、王　健、伍　刚

统　　筹：赵　威、钱　伟、张华杰、张玉梅、
　　　　　石　勤、古梅沽、魏蠹凡、王　徽、
　　　　　赵　净、张劲涛、韩　舶、朱　虹、
　　　　　李雪南、任　芳

编　　写：任　捷、郭　静、丁　飞、冯会玲、
　　　　　吴　菁、韦　雪、张秋实、王　利、
　　　　　毛更伟、乔仁慧、迟　嵩

组　　稿：黎　明

序

《致我们正在消逝的文化印记》是中央人民广播电台从2015年年底开始推出的系列报道，是纯粹的声音作品。今天要以文字的形式面世了。在艺术形式的转换中，通常是由文字改编成影像或者音频，现在要由音频改编成文字，这种"本末倒置"的转换，对大多数人来说是新奇的，会令人产生一探究竟的冲动。

《致我们正在消逝的文化印记》是一个关于传统文化的广播节目，她所表达的意思是多方面的，这从标题中就有体现。"致"表达的是敬意和怀念，"我们"流露的是亲情和血缘，"正在消逝"有一种急迫之感，也说明一种状态，"文化印记"是这个节目的主体和核心内容。简而言之就是对传统文化的现状的描述，境况的焦虑，对祖先的敬畏，和一份沉甸甸的责任。原来的题目叫"致我们即将消失的文化印记"，"即将"似乎是不可改变的，无奈的情愫太浓。"正在消逝"则表达一种刻不容缓的警醒，一种对保护和抢救的呼唤。2013年年底，习近平总书记提出"望得见山、看得见水、记得住乡愁"的理念，这个节目就是对习近平总书记这一文化思想的新闻传递，更确切地说是声音阐释。

"文化印记"是人类生生不息的记录，有斗转星移中的世相百态，有沧海桑田中的人情冷暖；有庙堂上的宏图大业，有市井乡野的质朴人生；有心底流出的悲欢离合，有口口相传的乡规民约……温馨得让人落泪，深刻得让人颤栗，精美得让人窒息，真实得让人叹息。凡此种种，培植了一个民族顽强的生命力，延续了一个民族的文脉，这是一个民族博大的财富，是来路的车辙，前途的参照。

这组作品包括了方言、地名、礼仪、工匠、民歌、习俗、戏曲、生态、文物、美食、功夫……既有对传统文化现状的报道、保护的思考——履行新闻工作社会现象瞭望者的本职；又有对正在消逝的传统文化的搜集和保存——体现口述历史和原始记录的功能，作为传统文化的音频资料，这是广播的优势，也是中央人民广播电台保护传统文化的另一种职责。

声音是广播的独特介质，是通过听来接受的。声音蕴含着特殊意境，激发情感、触动思考，给人们以无限的想象空间。而听的最大特点是不受肢体语言影响，具有接收信息的纯粹性，使人宁静、直击心灵，是很多高雅信息的最好传递形式。《致我们正在消逝的文化印记》是典型的声音产品，新闻的、文艺的、技术的，多种手法的运用，大大增强了作品的表现力和感染力，使《致我们正在消逝的文化印记》获得了全新的收听体验。我们也许可以大胆地做出这样的判断：广播正在迎来一个重新发现声音、研究声音、创造声音的新时代。《致我们正在消逝的文化印记》的成功，启示我们需要进一步解放思想，把声音放到一个更高的战略层面去认识，让声音真正成为广播的"专业特质"，产生更具感染力的效果，形成不可替代的竞争优势。

和单一的广播作品的制作不同，《致我们正在消逝的文化印记》尝试新媒体生产全程介入创作过程，根据不同平台不同媒介的特质，对周边产品进行挖掘，方言表情包、老建筑电脑屏保图、有声明信片等都颇有新意，延伸了产品链条，形成了音频、视频、文字、照片、图画合成的传播样式，提高了传播质量。媒体融合的背景下，传播者与被传播者已经形成了新型的互动关系。这种互动不只是体现在浅层次的表达，而是深入心灵、影响情绪，表现为参与、体验、共鸣与分享。这就要求新闻生产除了传播信息，还必须创造更高的思想价值、情感价值和艺术价值。就广播而言，就是不满足于实用性的收听，更要追求思想的碰撞、情感的共鸣和艺术的享受。实践证明，互联网只要为我所用，就会为广播带来更为广阔的想象和创意空间，这将是广播传播的新天地。

新闻是易碎的，文化是永恒的。易碎指的是新闻的"新"，永恒意味着文化的源和远。如何以易碎呈现永恒，在社会变革的大时代，具有深远的意义。新闻从业者应该有这样一种情怀：即使易碎，也当有"大弦嘈嘈如急雨，小弦切切如私语"的声响。而这样的碎声，自然成了文化的一个元素，一个印记。今天的新闻就是明天的历史。好的新闻也当是文化印记。

我以敬仰传统文化，挚爱新闻职业的心情写下这段文字。

阎晓明

目　录

上海腔调… 1

上海人就算是说普通话，都是儒雅温婉、低声清丽和矜持适宜的，不然就有失上海腔调的危险。曾几何时，这"腔调"，从一个字的发音上，本地人就能敏感地知道你是否属于这座城市。

神谝陕西…39

陕西话本身就是疯狂的。八百里秦川，秦人秦语吼秦腔，关中人说话自有一股尘土飞扬的气势，声高音正，言语直接，粗犷的舌头一点都不会打弯。

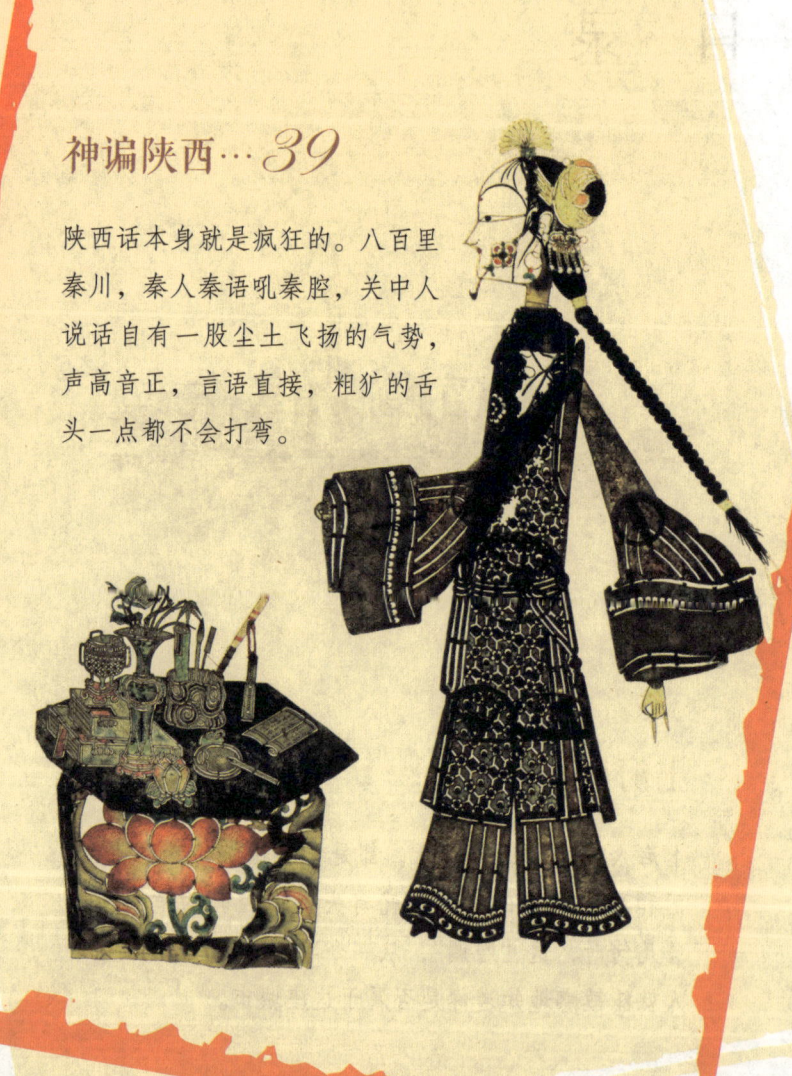

巴适四川…77

"巴适"不知源于何时,出处何处,但它却已经成为四川方言的代表之一,在四川省外地区,提起巴适,莫不给人一种四川乡音的味道。

粤语铿锵… 127

广东人来源于古代百越民族,在汉唐时期全面接受中原文化的熏陶。此后关山阻隔,广东一地免受胡人沾染。在中原方言大量与胡语交杂融生之际,它却反倒留下了不少的汉音唐话。

徽州韵味…157

徽州方言被语言学家称为"中国语言活化石",同时它也是最复杂、最难懂的方言。一个不足两万平方公里的区域,往往因为一座山、一条河的阻隔,语言便千变万化。

火辣东北… 185

大气而不乏细腻，豪放而不婉约，真诚而坚韧，这就是东北话。东北人很享受听东北话，其乐趣就像酒瘾大的人只喝土酿的小烧，图的就是那种火辣辣的快感。

方言后记：17天，叫醒你的耳朵…222

上海腔调

上海腔调

上海腔调

摇啊摇,摇到外婆桥。

外婆叫我好宝宝,

一只馒头一块糕。

赖学精,白相精。

书包惯了屋头顶,

看到老师难为情。

伴随着外滩海关的钟声,虹桥火车站的报站

声，那一阵阵窜入耳里的稚嫩童谣，让我们真切地体会到了一种上海"味道"。

上海，它有张爱玲心中活色生香的老宅，也有王安忆笔下"流言传得飞快"的弄堂。它既现代又传统，既摩登又市井。

海派印记

在古老的木式结构建筑后面，矗立的是一幢幢现代化的地表建筑，新旧上海在这里不停地交织，映照出一幅幅绮迷的画卷，犹如老式木结构一般的上海方言，还能保存多久？又会被新的语言覆盖吗？

东方明珠、环球商业中心、上海中心，陆家嘴矗立的是上海的高度；南京东路、外滩建筑群，黄浦江边荡漾的是上海的气派。但是上海，也有它古老雅致的一面。不信，你到上海的城隍庙、老弄堂去看看。

上海就像是一本书，每翻过一页就会有新的内容，新的意义。

上海方言也一样，时至今日仍在不断变化。古老的上海方言是个"混血儿"，但随着近代以来的开放和都市化，它也很自然地烙上了一种深深的海派印记。

斑驳的黄浦区江阴街，将上海的历史拉到了老远，也将上海方言的历史拉到了另一个时代。

上海的人口聚落是以上海浦而得名的，上海方言自然也是从有了上海人聚居以后而成形。它初始源于松江话，后来随着市镇规模的扩大，一种有别于松江话的上海方言又逐渐独立出来，但它又保留着许多松江话留给它的古老的语音和词汇。

大致在清朝末年，上海迎来了属于她自己的特殊机遇。1843年，上海开埠以后，成为一个自由发展的世界。不长的时间内，上海极其"野蛮"地生长成为一个国际化的大都市和金融中心。

开埠以后的上海，五方杂处，中西交汇，各

路移民的语言又对上海方言产生了很大的影响。其中又以苏州话和宁波话为重,如今上海方言的第一人称复数"阿拉"就来自于宁波话。这样,就形成了以上海本地方言为主,多种吴语方言共存的新上海话。

新上海话汇聚了工农商领域种种精细的词汇,各类词语发展得丰富多彩。比如发达的商业活动,使大量的商业词语,如"撬边""卖相""套牢""推扳货"等,被引入了上海的日常生活中来;由于思想活跃,还产生了大量的惯用语,如出风头、收骨头、戳壁脚、淘糨糊、七荤八素等,充满了海派文化

十里洋场时期的上海,也是上海方言最为繁盛的一个时代。

的奇思遐想，使上海话成为一种非常具有文化表现力的方言。

当年，上海人在对方言的运用中充分展示了自己造词的智慧。作为中国见识世界的一个窗口，上海人每见到一件新事物，就会在上海话中创造出一个名词。大量的新词，如自来水、电灯泡、马路、洋房、书局、报馆、沙发、课程、马达、麦克风、敲竹杠、小儿科等，都是上海人的贡献，这些词汇后来又大多被普通话所吸收。

旧时新到上海滩，要去拜码头。"初来乍到，请多多关照"的客套话被概括成"拜码头"。"拜码头"三个字包含了闯荡上海滩的豪情，还有十里洋场的人情冷暖，世道险恶。

"学者专家不觉得浅薄,村夫妇孺也不嫌高深",1926年创刊的《良友》画报,可称为那个时代的百科式大画报。

上海话的快速发展,加上上海地域特势的凸显,使得这里汇集了大量吴语地区的知识精英。产生了用上海话、苏州话写就的《海上花列传》《商界现形记》等几十部长篇小说,以及《三笑》《描金凤》等戏曲小说和散文小品。即使是用普通话创作的大量海派小说、电影、流行歌曲等,也都曾不同程度地打上了上海方言的烙印。

上海是博大多元的,是雅俗共赏的。上海人的生活方式、思想情调以及多样化的文艺趣味都融化在上海的方言里了。特有的吴侬软语,伴随着上海人的亲乡情结,荡漾在那些具有浓厚上海情的儿歌、民谣和文艺作品里,飘散在闾街里弄,让人心醉。

上海方言,无疑,就是构成海派文化的重要根基。

上海的"腔"与"调"

每个城市都有自己独特的表达。在上海,那口纯正的吴侬软语,不紧不慢,柔柔糯糯,常被人们称作"腔调"。

上海人就算是说普通话,都是儒雅温婉、低声清丽和矜持适宜的,不然就有失掉上海腔调的危险。曾几何时,这"腔调",从一个字的发音上,本地人就能敏感地知道你是否属于这座城市。

早些时候,上海满大街没有太多的人说外地话。即便是外来者,也会学上两句上海话。上海的售货员虽然能听懂普通话,但他一听口音,也就知道"侬是外地人"。是不是上海人,第一关就是上海话。

上海话不做作,它的语气很嗲,用词很活,还有一种独特的味道。且看上海人说"麦克",也

洋泾浜,原是上海的一条河浜,后来被填成一条马路,也就是今天的延安东路。所谓"洋泾浜英语"是指那些没有受过正规英语教育的上海人说的蹩脚英语。

就是很多的意思,正应了英文的"Much",上海人说"塌皮",是制定等价、平价的意思,有人说来源于英语的Par,经洋泾浜语转变而来,上海人说"门槛精",是英语"monkey"加上汉语词根"精",猴子精,引申为聪明的、精明的意思,构成典型的洋泾浜英语。

上海话,还脱不了一个"灵"字,灵气的灵。上海人讲颜色,红是血血红,白是雪雪白,黑是赤赤黑,绿是碧碧绿,黄是蜡蜡黄,灵气得有一股妖娆。

上海的"腔"与"调",不仅仅包含讲话的腔调,其实还涉及很多层次。比如眉眼的表情是否亲善,手脚动作及坐立的姿势是否文雅,甚至还包含一个人的装扮。

早年冬天里的上海女人喜欢在套裙外面披件大衣,婀娜多姿地袅袅而行。冷不丁关节发炎了,赶紧停下站住、屏牢,亭亭玉立于风中。正应了上海那句老话"穷在债里,冷在风里"。为了出风头,立在风头里,就像山东汉子般"冻死迎风站,

"大亨"最早源于上海话。当钞票刚开始代替银洋时,一张百元大钞在当时是相当一笔钱数了。一百英文为"hundred"(亨局特),上海人不懂洋文,为方便记叙,就将大票与一百合拼一起:"喏,一张'大亨'!"久而久之,便将有财有势的人也称"大亨"。

饿死不弯腰"。

早年独霸上海滩的杜月笙,原是削梨卖梨的"烂生梨",后来脱颖而出,成了有名的大亨。当他脱下短打的香油衫漆布,换上长衫马褂后就谨言慎行,即便是三伏天待客亦是如此。在他创办的西式银行开幕式上,一口的浦东话:本色,不忌不讳,这就是常言的"派头",上海的"腔调"。

旧时的上海,对于装扮,各行都有自己的标配。洋行里的职员必要西装革履,当铺钱庄里的长衫马褂。除了西餐厅里的西崽,西式打扮黑领结,市面上绝大多数行业里的伙计都是灰布长衫

的。长衫是出来混的门脸,也是十里洋场的基本面。

过去,外地人对上海人的形象评价总不太高,余秋雨先生在《上海人》中就说:"精明、骄傲、会盘算、自由散漫、不厚道、排外、瞧不大起领导、缺少政治热情、没有集体观念、对人冷淡、吝啬、自私、赶时髦、浮滑、好标新立异、琐碎、世俗气……"余秋雨概括的是外地人贬义的看法,上海人的角度则不同,他们对此大多是不屑一顾,我行我素的。

改革开放的潮流在不断融合上海人与外地人的情感,"做可爱的上海人"的声音越来越多地发自于上海人的心底。自从上海成功举办"世博会"以后,这种现象更

上海腔调

加表现得淋漓尽致,上海人的热情好客、宽容大气、见多识广、聪明机灵、典雅瑞丽、浪漫时尚等特点,也逐渐得到了全国各地更多人的认可。

上海的腔调不仅是一种讲话时表现出来的形象,也是一种个人综合素质的集中反应。有没有腔调,全靠自己平时做人修炼的功夫。

里弄本音

不知道从什么时候开始,人们抬眼望去,才猛然间发现,那口柔柔糯糯的吴侬软语,却已从"大街"被挤到了"小巷"。弄堂里软语依旧,但繁华的商业街已然软语不闻。

曾经,上海的繁华吸引了来自全国五湖四海的朋友,他们怀揣着各自的梦想涌入这座城市。在2014年时,上海市每五位常住人口中就有两位是外来的。

在潮涌的南腔北调中,上海

上海的里弄,成了最容易保存上海本音的地方。

的学校、机关、服务业,开始出现了"推普员"。

从20世纪80年代后期开始,上海市的各学校开始统一用普通话授课,很多学校对说方言的行为采用扣品行分的方式来处理。如果同学之间用上海方言讲话,就有"推普员"过来说:"唉,同学,不行哦,学校里不能讲上海话,要讲普通话,你知道吗?扣分,扣分,两个人都扣分。"可以说是"进了学校门儿,到了北京城儿"。

在媒体传播方面,也几乎取消了所有广播电台和电视节目中的上海话内容。1990年,上海方言电视连续剧《孽债》受到上海群众的广泛欢迎,但第二部上海话剧在开播之前被叫停,后来也只播出了普通话的配音版本。

上海"腔调"的淡去也令

上海滑稽戏演员王汝刚心塞地发现,上海"腔调"也许正在淡去,离我们这一代人越来越远。

一些上海方言剧的演员心塞地发现，台下的观众开始变得和他们一样，越来越老，越来越少……

上海滑稽戏演员王汝刚这样说道："票房越来越少。台下坐的都是白头发，从白头发看到连白头发都没了。剧场出现一块一块的空座，就好比是一座墙。外面的石灰慢慢脱落，露出了它的本体——座位。"

不止观众变老、变少，连演员都难找。沪剧演员马莉莉，已经演了五十多年话剧，可她怎么也没想到，从娘胎里带出来的家乡话，今天却要被年轻演员们当做"外语"来学。

作为上海的本土剧，以前沪剧是不招外地人的，贯彻的就是家乡话的宗旨。可随着时间的推移，沪剧已经很难获得上海本地青年的青睐。于是，这个不成文的规矩被逐渐打破，沪剧也不得

沪剧演员马莉莉："沪剧是上海的本土剧，但这些年也开始招收外来人员了。"

不招收外来人员了。

许多土生土长的上海人渐渐发现,随着城市里高楼大厦的不断翻新,原来熟悉的上海"腔调"也悄然模糊了地域的边界。

如果是去南京路,你不说普通话而说上海话,服务员会和你说:"你不说普通话,我听不懂。"植根于上海的上海人,在现代味十足的街道里,因为口音,仿佛变成了"侬是外地人"。

那些记忆里儿时的乡音俚语,谁能想到如今却被挤进了尚待拆迁的几条弄堂,留在怀旧的人的心里。

繁华的南京路,现在却很难觅得一口纯正的上海本音。

致我们正在消逝的文化印记·百变方言

只有在如石库门一般的旧弄堂里，才能嗅到软糯吴侬软语的气氛。

近三十年来，由于普通话的推广和对普通话的依赖，上海话的造词能力也相应衰退不少。只出现一个语式"勿要忒……"以及"淘糨糊"等屈指可数的几个新词。

上海话即将消失吗？

传承，上海话

一方水土养育一方人，家乡话的背后是一条文化的河流。

越是深深植根于本地沃土中的文化越是拥有细致入微的乡情民俗异彩，越是蕴含世界文化的普世精神和永恒价值就越是能够走向世界。上海要努力建设成一个有个性特色的东方文化明珠理应继承上海语言文化的灵魂。

好在，在上海话退却的大潮中，我们依然能欣喜地发现一些转机。

古老的城隍庙，见证着上海的历史变迁。一方水土养一方人，家乡话的背后其实也是一条文化的河流。

2001年,网上方言保护运动发起人"上海闲话abc"发表《吴语文化价值及推广普通话文化缺陷》一文,揭开了吴语保护运动的序幕。2005年以来,上海舆论界"保卫上海话"的呼声也越来越高。近几年来,部分上海市民与有识之士强烈要求政府保护海派文化与方言,许多上海人之间也只用上海话进行交流。

文学编辑金宇澄用从小熟悉的上海话在网上写下了上海的市井故事。这部上海方言小说《繁花》也为他赢得了"茅盾文学奖"。

在金宇澄的心中,方言就像一条河流,每天都在变,但生命力却非常顽强。文学的其中一个功能,就是把时间、语言、人物固定下来,让人们过

金宇澄家中堆砌的书稿,无声地展示着他的文字功底,也适时地将他熟知的上海方言留存在了纸上。

了很多年以后再看会有一种恍然大悟的感觉："噢，原来当时是这样的。"

对于《繁花》，上海人肯定是在心里用上海话念完这本书的。普通话读者不会知道上海话的味道，只是能够完整地读完，明白大意而已。

在上海田子坊附近的一家音乐酒吧，有一个叫王昊的少年，固执地演绎着属于上海话的音乐脱口秀。

用上海方言表演脱口秀的王昊。

他会用上海话唱："有一个老头，住在上头，跑到下头，看看钟头，看到时间不对头，拿个篮头，去买馒头，看到别人排在前头自己排在后头，把别人推到后头自己排在前头，结果买了两坨无厘头（在上海话俚语里，'屎'读作'无厘头'）。"唱完他会笑着说："你看我们就可以把它做得很嘻哈，做得很时尚。"

致我们正在消逝的文化印记·百变方言

上海的小笼包，精细小巧，浅白光滑的面皮虽然普通，但一口下去流泻而出的鲜美却非一般包子所能及，上海人、上海话的软玉温香就在这小小的小笼包中，表现无遗。

这是一个人们眼里地地道道的时尚青年：爱赛车、爱拳击、唱摇滚。王昊一直试图用现代音乐形式，结合上海本土方言，来表达属于他们这一代青年的情感和生活。因为上海腔调就活在他的梦想中、音乐里，从未远去。

同王昊、金宇澄一样，我们希望看到上海话得以保留，得以传承。上海人，说着快速热烈的上海话，吃着地道的小笼包，这看似极为普通的场景，才是真正上海的特色所在。它不应远去，而是应该留在，一直留在上海的时空。

上海腔调

记者手记

报道播出前,我们几个人在录音房里静静地把这"6分25秒"听了好几遍。深夜的北京,声音流淌入心田,我的眼眶湿润。

久违了,我们的"广播"。

我在北京出生和长大,对上海话最深的印象只有两个:第一,真心听不懂;第二,大学里有一位上海同窗,遇到老乡时,不管周围有多少"别人"在听,他俩永远是一口上海话。

上海人是"傲娇"的,我想。

可这一次,当我带着做"上海方言"的报道任务来到上海,才发现它已被从"大街"挤到了"小巷",弄堂里依旧一派吴侬软语,但繁华的商业街已然不再。

有人说，这很好，方言本就存在于生活和市井，可我们还是敏感地捕捉到上海话可能"即将消失"的两个"征兆"：

记者在上海街头采访。

第一个，是"断代"。我截取了一段滑稽戏艺术家王汝刚的录音，爷爷奶奶的家乡话没被子女带跑，却为和小孙儿一起生活，改掉了。正养病在家的沪语专家钱乃荣教授坚持和我们见一见，他说，"断代"，家里不讲，没了环境，才是最大的危机。

另一个，则更加难以言说。或许危机意识在心，上海已经在一些小学和幼儿园引入了方言课程。调查认为,孩子在小的时候接触方言,不仅不会和普通话混淆,还可能以后经常使用,忘不了。可钱教授说,都是拓展课,孩子选不上别的,才来学这个;课上学学,没见过多少人下课会说;老师也不够,真正能教的人越来越少了。更有一种现象,拿来比赛,背着说得溜,一交流就语塞。

这就是现状。孩子们的事儿,才是未来。

钱乃荣教授躺在病床上,一字一句地说,这虽然让人无奈,但先把方言讲起来,就是最大的保护。

为什么要保护"方言"呢?一方水土养育一

吴语研究专家、上海大学中文系教授钱乃荣接受记者采访。

方人，家乡话的背后是一条文化的河流。听听我们的"6分25秒"，那些你还学不来的上海话是不是很可爱呢？即便日渐萧条，它依然在丰富着戏曲形式、文学创作和舞台表演。

统一的语言推动社会的不懈前行，而生动的方言却捍卫民族多样的文化基因。

老实说，这是一次"奢侈"的采访。我们花了一周策划和搜集素材，48小时面对面地采访，24小时剪辑录音，前后4次易稿，6小时制作合成。从审稿到配音，再到制作，几乎是"超豪华阵容"了。

你可以想象吗？它们从一个个"音符"开始，慢慢地，舞动着，拥抱在一起，并最终形成了这短短的"6分25秒"……声音，方言，原来如此美妙。

致正在消逝的文化印记。

致，每一个深爱声音的人。

丁飞

2015年12月5日凌晨3点

沪语清音

懂 经

释义：指对某方面特别在行

例式：王医生懂经得吓人。

侬

释义：第一人称"你"

例式：侬好，碰到侬很开心。

交 关

释义：很多，非常

例式：我交关高兴。

结棍

释义：厉害

例式：身材结棍就像城头上一扇大闸门。

来赛

释义：你有能耐或你行的意思

例式：侬艺术细胞太丰富，做装潢设计完全来赛。

好白相

释义：好玩

例式：上海郊区好白相地方也老多。

释义：打架
例式：天太冷，上下牙齿冻得打相打。

释义：注意力不集中，到处乱看
例式：才走了一点路，叫侬弗要老是看洋眼。

释义：自以为是、臭美
例式：刚买好的东西就拿去鲜格格了。

别 苗 头

释义：比高下

例式：伊在和我别苗头。

弄 怂

释义：戏弄

例式：侬刚才说的那些话，肯定是听了旁人的弄怂。

豁 胖

释义：说话夸张

例式：很多人不愿意参加同学会，因为里面豁胖的人太多了。

释义:捣乱,明白装糊涂

例式:伊心里明白,不过是在淘糨糊罢了。

释义:洗脸

例式:快点去咖面,刷牙齿。

释义:做事不上道

例式:这人真是蛮昂三的喔。

忆上海（节选）

靳 以

我对着这个跳动的菜油灯芯已经呆住了许久，我想对于我曾经先后住过八年的上海引起一些具体的思念和忆恋来；可是我失败了。时间轻轻地流过去，笔尖的墨干了又濡，濡了又干，眼前的一张纸仍然保持它的洁白，不曾留下一丝痕迹。我写，勉强地把笔尖划着纸面；可是要我写些什么呢？

首先我就清晰地知道，上海距我所住的地方有几千里的路程，从前只要四天或是五天的时候，就可以顺流而下的，如今我若是起了一个念头，那么我就要应用各种不同的交通工具，花费周游世界的时日，才能达到我的目的。但是这样艰苦的旅程完成之后，对我将一无乐趣，仿佛投火的飞蛾一般，忍受烈焰的焚烧。否则我只得像一个失去了感觉的动物一样，蛰伏着，几乎和死去一般。但是一切是我所企求的么？每个人都可以代我回答出来的。

然而要我在这个小市镇里，一切物质文明和精神文明，都要先从我们生活的这个年代数回一百年或是二百年，去遥念那个和世界上任何大都市全不显得逊色的上海，我们往日的记忆，都无凭依了。我先让你们知道我们穿的是土布衫，行路是用自己的两条腿或是把自己一身的分量都加在两个人肩上的"滑竿"，我们看不见火车，连汽车也不大看见（这时常使我想到有一天我们再回到那个繁华的大城里，是不是也同一些乡下人一样，望到汽车就显得不知所措），没有平坦路的，却有无数的老鼠横行（这些老鼠都能咬婴孩的鼻子！），没有百货店，只有逢三六九的场，卖的也无非是鸡，鸭，老布，陶器，炒米，麦芽糖……

我们过的是简单而朴实的日子，我的心是较自由，较快乐的；可是我总有一份不安的情绪。仿佛我时时都在准备着，一直到那一天，我就可以提了行囊上路。许多人都是如此，许多人也是这样坚信着。从前我们信赖别人，我们不能加以决定的论断，现在我们用自己的力量，所以我们才可以这样说。我都不敢多想，因为怕那过于兴奋的情感使我中夜不眠。

什么使我这样惦记着上海呢？那个嘈杂的城不是在我只住了两三天就引起我的厌烦而加以诅咒么？初去的时节好像连誓也发过了，说是那样的城市再也不能住下去，那些吃大雪茄红涨着脸的买办们，那些凶恶相的流氓地痞们，那些专欺侮乡下人的邮局银行职员老爷们……可是渐渐地我也习惯了，因为知道都是为了钱的缘故，所以人们才那样不和善，假使在自己的一面把钱看得淡了，自然就有许多笑脸从旁偎过来，于是生活就显得并不那样可厌了。几年的日子就在这样的试验中度过，一切可鄙的丑恶的隐去它们的棱角，在这个"建基于金钱和罪恶的大城市"中，我终于也遇到些可爱的人：他们自然不是吸吮他人血肉的家伙们，他们更不是依附在外人势力下的寄生虫，他们也不是油头粉面蓄着波浪式头发的醉生梦死的青年……

除开人，那个地方后来也居然能使我安心地住下来了。在嘈杂中我也能安静下来，有时我挤在熙攘的人群中，张大眼睛去观看；到我感到厌烦的时节，我就能一个人躲回我自己的小房子里。市声尽管还喧闹地从窗口流进来，街车的经过虽然还使我的危楼微微震颤着；可是我可以不受一点惊扰，因为我个人已经和这个大城的脉搏相调谐了。

……………

一九三九年十二月九日

神谝陕西

神谝陕西

神谝陕西

咪咪猫,

上高窑,

金蹄蹄,

银爪爪,

上树去,逮嘎嘎,

嘎嘎飞了,把咪咪猫给气死了。

从回民街的青石砖瓦,从小雁塔的音乐喷泉,从大雁塔的钟声里……

在陕西的每一个角落,在大量外来游客的间隙里,你肯定也能听到一些纯粹的陕西话,雄壮浑厚,古韵悠长……如能闻听着一遍遍像音乐一样迷人的陕西民谣,能把你的耳朵都给听酥了。

古韵悠长陕西话

在陕西,如果你有幸能听一把从西汉年间流传至今的华阴老腔——

你一定会感叹,仅凭几块砖头,一把古琴,一只条凳,五六位艺人,就能"一声吼得千古事,双手对舞百万兵"。

你一定会惊讶,那些年过六旬的老艺人,仍然一张口就满台生风,涤荡着你的精气神。

这是传承了千年的艺术方言,这是中国最古老的艺术摇滚。

其实,不止华阴老腔。在整个陕西,也许不

神谝陕西

经意间听到的任何一句话，都可能是来自于历史深处的回响。宝鸡一带将"猪"读成"只"，不明白的总以为是很土的发音，而实际上，这"只"来源于"彘"，这才是"猪"最早的书面语。

周秦汉唐时期，陕西所在的关中地区曾长期是中国政治、文化的中心，关中的方言也被称为

这些诉说陕西历史的实物见证，也将陕西话的源头，往历史深处推了老远老远。

"雅言"。《诗谱》载:"商王不风不雅,而雅者放自周。"《论语》也说:"子所雅言:诗、书、执礼皆雅言也。"

可见,从西周开始,雅言已成为我国古代王朝的标准语言。之所以如此,除了王朝一统天下的必然需要以外,关中秦声的语调发音还有高雅、文雅、风雅、清雅、幽雅等大雅脱俗之义,它娓娓道来圆润清丽、美妙悦耳,理应成为王朝的正音。

在历史上，凡以关中地区为都城的朝代，都将关中方言视为中国的官话。《诗经》《唐诗》都要用官话，也就是现在的关中方言来读，才能理解其中的一些词汇，读出当时的味道来。

唐诗都是按陕西的四声来写的。若现在以普通话来念，"床前明月光，疑是地上霜"，其实并不标准。而如果将其放之陕西话："床前明月光，疑是地上霜。举头望明月，低头思故乡。"三个韵一起压，那才能咀嚼它的原汁原味。正所谓"陕西方言嫽咋咧，唐诗奏得用陕西话读"。

关中方言之美妙深着呢。在《诗经》，在唐诗，也在生活中的谚语歇后语中。

富不离书，穷

陕西兵马俑。

不离猪（读书是为了不娇奢，养猪是为了攒疙瘩子钱）；洗头洗脚，强如看病吃药（一种精神状态和卫生习惯，更是一种养生方式）……这些朗朗上口的关中歇后语，看似粗陋，可谁又知道它是老前辈们智慧的汇聚，其中的哲理大着咧。

个性鲜明的陕西方言，承载着陕西一地几千年的文化底蕴以及所有陕西人与生俱来的地域内涵，是当地文化的一种重要传承方式，更是语言生命力的活水源头。陕西人无论走到哪儿，也许都有那一抹乡音，永远萦绕心头！

疯狂陕西话

陕西广播电台有一档节目，名叫《疯狂陕西话》，主持人是兰州姑娘卓雅和西安小伙王军。

卓雅刚上节目时需要学说陕西话。她从一个一个的调调中模仿，最终学出了门道。短短五年，她凭借一口纯正的陕西腔，拿到了一个又一个的广播奖。

而对土生土长的西安小伙王军来说,陕西话自然就透着一股文化,很洋气的文化。

陕西人喜欢说"嫽咋咧",王军便称自己为王嫽子,在节目中一开口就是:"大家好,我是王军王嫽子。"

陕西话的"嫽咋咧",是特别好的意思,多用于夸奖人。这个"嫽"字,出自《诗经》中的"月出皎兮佼人嫽兮",意为月亮出来之后,有一个特别漂亮的姑娘出现在月光之下,她的面貌尤其娇美,故而曰"嫽"。

陕西电台《西安乱弹》的主持人王军和卓雅。

短短的三个字,其实蕴含着极其深厚和美妙的文化背景。在陕西方言中这样的例子还有很多。说陕西方言,张嘴就是历史,绝不会是一句诳语。

来自西安的黑撒乐队,也是陕西方言的忠实发扬者。主唱王大治喜欢洋范儿十足的摇滚,张口唱出的却是尘土味儿十足的陕西话。

"来来来大家跟我们一起唱陕西话,把老祖宗秦始皇的口音发扬光大,来来来谝个闲传扯个闲淡……"

这是黑撒乐队的歌词,它的表现力就像王军和卓雅的节目一样,给人一种"疯狂陕西话"的感觉。

记者采访黑撒乐队主唱王大治——一个喜欢洋范儿十足的摇滚,张口唱出的却是尘土味儿十足陕西话的歌手。

　　"谝"是陕西方言之一，聊天、说话的意思，如"明天有时间咱们再谝"。走在陕西的大街小巷，时时可见神采奕奕的谝者。

　　确实，陕西话本身就是疯狂的。八百里秦川，秦人秦语吼秦腔，关中人说话自有一股尘土飞扬的气势，声高音正，言语直接，粗犷的舌头一点都不会打弯。

　　烟雨江南的来客，初来乍到愣是不敢说话，以为找事的感觉，那吼出来的话字字都像是滚出口的豌豆一样，落地有声，正如吼一句秦腔荡气回肠："咥一碗燃面喜气洋洋，叫一声大来喊一声妈，娶个屋里人给咱生娃娃，那日子过得才叫一个美日踏咧！"

陕西话的特色是"硬"，简单明了，听起来攒动。陕西话还很妩媚，尤其是女孩子讲起来风情万种，特别性感。

随着我国电影艺术的发展，陕西方言也逐渐在电影中大放异彩。陕西人、导演张艺谋在自己执导的电影《有话好好说》中客串"破烂王"的角色，喊出了那句正宗的陕味台词"安红，额爱你"，成为当年的流行语。《武林外传》中风情万种的佟掌柜，其"额地神啊"等经典陕味台词，也被观众们纷纷效仿。而佟掌柜，自然也就成了陕西妹子的代表人物。

方言是还原真实的一个重要手段。如果一个关中人出现在银幕上，一说普通话，肯定没有脾气，没有个性，只有说回方言，这个人物才会"活"起来。

乡党乡音

常年在外的陕西人,喜欢对老乡说一个词,叫作"乡党"。

"乡党"一词源于我国古代的民户编制。在我国第一部断代史《汉书》中曾说:"五家为邻,五邻为里,四里为族,五族为党,五党为州,五州为乡。"换句话来说,就是五百户为一党,一万二千五百户为一乡。"乡党"二字连用,就是指乡里,同乡的人。如今,虽然"乡党"这种民户编制已经消失了,但它作为一种称谓却永久地保留了下来。

乡党

古代五百家为党，一万二千五百家为乡，合而称乡党。乡党作为老乡的用意，常见于陕西关中人对老乡的称呼，其他地域很少见。

在外的陕西人，从嘴里说出一口纯正的陕西话，必定会让听到的乡党倍感亲切。正所谓最亲莫若故乡人，最美莫过听乡音。那种亲切感与生俱来，渗透了生命的每一个毛孔，经人提起，自然让人有种由衷的喜悦。

细究陕西乡音，幽默味十足，学问太多，处处充满了生活美好活泼的不尽生机，让听者欢愉。

你听，长得胖的说得巧，叫体面，瘦得尴尬的叫精干，话不投机叫不卯，合适的叫刚好，不行的叫拉倒，莫骨气爱巴结人的叫舔钩子，向别人表功的叫摆亏欠，嫌弃的叫走远，心不在焉的叫卖脸，挑三拣四的叫弹嫌，办事周密的叫严攒，脾气不好的是脏板，说得不好听的叫叫唤，光说不干的叫干板，骂人隐私的叫揭短，骄傲自满的是张山,不成器的叫死狗二流子,干得好的说成咥的美。

即便是常见的十二生肖,陕西人也都将它们赋予了形象的比喻:精灵得跟猴一样,懒得像猪,欢实得像小马驹,跑得快得像兔子,傲得就像鸡冠子,心不良善的叫毒蛇,没人性的猪狗不如,长得壮的形容如虎头虎脑,生得丑的叫贼眉鼠眼,各个词语诙谐幽默,形象生动,更是恰到好处,增减皆不宜。

还有一种形式,就是在人字前面加一个形容词,便把形形色色的人都总结完了。与人为善的是撩人,不听人劝的叫犟人,八面玲珑的叫滑人,啥都会干的叫能人,反应慢的叫瓷人,聪明的叫灵人,心细的叫

在激昂的秦腔戏里,陕西方言一直在不停地律动。

细人。

关中方言里加强语气的时候,经常会用一个太字,或者叠加,用太太两个字。比如说,称心如意叫谄太,不讲理的叫蛮的太,穿得时髦的叫洋的太,做事狂妄的叫张的太,多才多艺的叫能的太,看似简单的两个字,实实的少了不行,一样的话语说出来带劲儿的太。

陕西关中人的性格受地理环境、历史文化等

陕西关中人的性格受地理环境、历史文化等因素的影响,说话均比较直爽,从不拐弯抹角,很是直截了当。

因素的影响，说话比较直爽。在这个物欲膨胀、节奏快速的时代里，陕西话的直爽总会让人觉得很解气、很舒服。影视作品中的陕西关中方言就从不拐弯抹角，很直截了当。

有人相处的地方，就免不了有语言，有陕西人的地方，就免不了有陕西的乡音。这在现在，还是一种客观的存在。可是以后呢？

陕西话的危机

有一种衰退的力量，在不声不响地影响着陕西话。

黑撒乐队的演唱会依然张扬火爆，但那种一出口就能砸个大坑的陕西话却在都市的水泥森林里气势不再。

在普通话的强势蔓延下，本土方言的生存空间开始越来越逼仄。

陕西戏曲学院的邓卫锋，能说一口纯正的陕西话。但他在面对孩子时，也不得不说普通话，他认为，那是"嘴里搅了棒槌的感觉"。

在学校里，学生们都被要求说普通话。邓卫锋认为，孩子回到家以后也不能跟他说陕西话，最后会使得孩子说话四不像，不能教孩子将"国"说成"归"，虽然陕西话中确实发的是终归的"归"的音。

随着现代化的味道越来越浓，有着千年韵味及独特个性的陕西话也呈现出了一种退势。

孩子们也是如此。8岁的党悦航稚气未脱,本来是标准的陕西娃子,但却不大会说陕西话,也不愿意说。他说:"不喜欢说陕西话,因为不常用,太老土。"

一则小故事:

一老一少爷孙俩在菜市场买菜,爷爷七十多岁,孙子也就七八岁光景。

突然,爷爷说:"娃呀,孩松了,我娃把孩(鞋)提好?"孙子:"爷爷,你说的啥?孩是啥?我听不懂。"爷爷明显有点生气了："孩奏是鞋，鞋奏是孩，爷问你，你还是不是陕西人？你咋把老祖宗的话都忘了。"

孙子委屈地辩道："爷你还说我，你们和老师也没教过我呀。"爷爷叹了一口气："唉，也奏是，再不教你们，我们陕西这一马平川人，以后都不会说陕西话咧。"孙子看着爷爷茫然了，他不知道应该怎么回答爷爷了。

如果连真正的陕西人以后都不会讲陕西话了，这是不是一种可悲。

方言，其实也是一种文化遗产，不应该被冷落。在陕西话的生存出现危机的关口，陕西开始启动了为方言建档的事情。陕西省教育厅语言文字工作处副处长刘白燕说："用这样的方式留住乡音有几许无奈，但'抢救'已经时不我待。"

刘白燕有一个奇妙的想法："我们有没有可能通过标准音的录入，方言录入，把它设计成一个APP软件，想学我们的延安方言，怎么打招呼，问吃了没，或者是今天很开心说'嫽咋咧'这样的话的时候，他用普通话输入进去以后会出来一个标准男音或女音告诉他说延安话怎么讲，西安话怎么讲，这个是很强大的。"

如果有一天，能够不用设计，自然地置身于这么一个场景：吃着正宗的陕西小吃，听到能让人汗毛孔都炸起来的秦腔，满耳朵都是像音乐一样迷人的陕西话，那该有多美！

吃一碗热气腾腾的羊肉泡馍，说一口地地道道的陕西话，这才是陕西的"味道"。

记者手记

得知可以去陕西采访做这一季的方言广播节目，我几乎是欢呼雀跃的。对，尽管我不是陕西人，可我就和陕西隔了一条黄河，站在黄河大桥上，一眼就望到了陕西。从小吃着凉皮、米皮，听着蒲剧、秦腔长大，骨子里像半个陕西人。以至于长大后一心想找个陕西人做"夫君"，想着回婆家就能吃到正宗的陕西小吃，听到能让汗毛孔都炸起来的秦腔，满耳朵都是像音乐一样迷人的陕西话，那该有多美！可惜未能如愿，呵呵……

乐颠颠地去了西安，距离上一次

和爸妈去西安已有二十年。下火车后听到呼啦啦的陕西话从耳边呼啸而过,简直觉得掉进了福窝,感觉就是仨字:嫽咋咧!一天半的采访,绝对是急行军式的采访,采完一个就要飞奔去赶下一位。好在是在西安,好在碰到的都是地地道道的陕西人,每一位采访对象都愿意掏心窝子跟我敞开聊,听到那些带着泥土味、接地气接得毫无缝隙的陕西话噼里啪啦地砸在我耳边,真忍不住想在采访对象面前拍桌子叫好啊!

记者冯会玲与权胜老师合成文化印记节目。

采访是疯狂的,离开西安的时候是极其不情愿走的,实在觉得没采过瘾,可是揣着的6个小时华丽丽的录音实在是让人激动万分的。最关键的是,我已经被我可爱的多位采访对象带到了陕西方言的频道,虽然那么不地道，可是脱口而出的全都是陕西话。回到北京后跟任捷大腕报告各种采访中遇到的精彩，微信聊天全是陕西话，聊得那叫一个美！

写稿的过程是不美的，陕西太厚重，采访对象们太精彩，下笔的每一个字都是怯怯写下的，一路忐忑不安。周日晚把初稿交给任捷大师，夜里11点半她才回到家，微信里已经道了晚安，说"累透咧，要睡咧"。第二天一早，发现任捷老师半夜1点半又发来微信，她还是要看完稿子心里才踏实，早上6点半又出现在办公室，要一字一句推敲稿件。

高岩副总监、魏漫伦老师、任捷老师，三位高人把稿子推敲再推敲，修改再修改，看到任捷老师把题目定成《神谝陕西》，心里感叹：和高人们在一起，是何等幸福！分分秒秒都能学到精彩。广播是要用声音体现的，进了机房，才知道权胜老师对声音是如何的痴爱。常人眼中的声音在他那里全是画面。他选音乐，你会觉得那段音乐就是作曲的人为这期节目量身定做的；他剪音响，键盘起落之间，声音就像画面一样扑面而来了。声音是如此妖娆，如此迷人，如此美轮美奂啊，跟这些大师合作，才有幸体味声音真正的魅力。

陕西的一些娃们不说陕西话咧，迷茫吗？迷茫！担心吗？担心！可是这期节目里，您听到的几乎全是陕西话。听了节目后的您，以后再提到唐诗，会忍不住像李小峰老师那样来念吗？您夹起一筷子面条的时候，会不会也会忍不住想：吃完咧就能说几句砸得地上几个坑的陕西话吧？有朋友留言，你这期节目太烦人咧，听完后满脑子都是"他大舅他二舅都是他舅"的童谣在一遍遍自动循环。呵呵，如此迷人的陕西话，它不会离开我们的，我坚信！

做了一期过瘾的节目，遇到了一群可爱的人，虽未年末，已觉得羊年如此美丽，就像陕西方言，嫽咋咧！

冯会玲

2015年12月10日夜12点

陕语清音

谝

释义：聊天

例式：我想跟你谝一会儿。

欣

释义：找，寻找

例式：你帮我欣一下眼镜。

匪

释义：形容小孩爱动

例式：这谁家娃子，匪地很。

释义：坏蛋

例式：这人故意踢坏人家玻璃，真是个哈松。

释义：败家子

例式：那家伙就是个舍货。

释义：摆架子，显摆

例式：你不要在那扎式了。

释义：这里，这儿

例式：你在制达弄啥呢？

释义：哪里

例式：伙计问一下，车站在啊达？

个 老

释义：角落

例式：你把墙个老扫干净些。

释义：昨天

例式：你爷个干啥去了？

释义：指人漂亮

例式：你看伢小伙娶的媳妇多倭也。

释义：已婚妇人

例式：你屋里人这几天咋没见？

释义：可怜的

例式：你看这娃子惜惶地。

释义：没问题

例式：这个木工活对他来说么麻达。

释义：不舒服

例式：我今天的身体特别不美气。

西京胜记（节选）

张恨水

这"西京胜迹"四个字，是本小册子的名字，乃张长工先生编订的。内容是将在志书上和在西安当地考查所得，约编订了有一万字上下的简记，大概西安的胜迹，都网罗无遗了。不过他所举的。仅仅是沿革，没有加以描写。我根据他那小册子，

游历一二十处胜迹，颇得他的介绍力不小，就借重他这名字，总托我这段琐文。

雁　塔

在科举时代，恭祝人家雁塔题名，那是一句很吉祥的话。这雁塔在慈恩寺内，寺在曲江池西北角，到城约五六里路。这寺和别的寺宇不同的，就是在正殿之前，列着一层层的石碑，不下百十来幢。唐朝神龙年后，选取的进士，都在这里碑卜题上他的芳名。而雁塔也就因为这样流传士人之口，直到于今。塔在殿后高高的土基上，塔门有唐朝褚遂良的圣教序碑，并没有残破，也是为赏鉴碑帖的人所宝贵的之一。这个塔和开封的琉璃塔，恰好相处在反面。那琉璃塔是实心的，只在塔心划开一条缝转了上去，所以塔里没有一寸木料。这雁塔却是空心的，倚靠了塔墙，四周架了栏杆板梯，临空上去。所以有三四个游人扶梯登塔的话，只听到登登的一片踏木梯声。而且在上层的人，可以看到下层的人。便是其他的塔，也很少有这种构造的哩。这个庙，在隋朝叫无漏寺，唐高宗为文德皇后改造过，改名叫慈恩寺，直到于今。

西安风俗之一斑

关于西京胜迹，那是书不胜书，我也不可能走完，便只有择要描写。最可惜的，就是近在眼前的终南山，我竟不曾去走一趟。这并不是愿意交臂失之，因为初到的时候，赶着要上甘肃，回来的时候，又遇到天气十分热，只好罢了。现在还有旅客到西安，应当知道的一些风俗，拉杂写在后面。

西安人起得很早，在春天的时候，六点钟，就满街都是人了。便是住在旅馆里，七点钟以后，声音也极其嘈杂，不容人晚起。这自然是个好习惯，作客的人，不妨跟着学学。晚上九点钟以后，街上已经难买到东西。

致我们正在消逝的文化印记·百变方言

神谝陕西

西安人是吃两餐的,早餐大概在十点附近,晚餐在下午四点钟附近。设若你接到请帖,订着晚四点或早十点,你不要以为这是主人翁提早时间,应当按时而去。

西北人的衣服,都很朴实,男子有终身不穿绸缎的。近年来,年轻的女子,也慢慢染了东方人士奢华的习气,但是也不过穿穿人造丝织的衣料而已,到西北去的朋友最好穿朴素一点,可以减少市民的注意。若是你穿西服,无疑的,市人会疑心你是老爷之流。因为除了东方去的年轻官吏,本地人是绝少穿西服的。摩登少年,也不过穿穿那青色粗呢的学生服,若在上海,人家会疑心是大饭店里的工友。如此看来,到西北去应当穿哪种服饰,不言而喻了。

某一个地方的人,必是尊重一个地方的名誉,作客的人,在入境问俗的规矩之下,本不应该在浮面上观察过了,就作骨子里面批评的。陕西人爱护桑梓的观念,大概是比别一省的人,还要深切。到西北去的人,对人说,我们回到老家来了,西北人刻苦耐劳，东南人士所不及，像这一类的话，只管多说，不要紧。若易君左闲话扬州而兴讼，胡适之恭维香港而碰壁，都是忘了主人翁地位说话的一个老大教训。到西北去的朋友，对于这一点，是必再三注意之后，还要再四注意。

西北人的旧道德观念，很深很深，所以男女社交，还只限于极少一部分知识阶段，此外，男女之防，还是相当的尊重。客人到朋友家里去，不可以很大意地向内室里闯。像上海朋友，住惯了鸽子笼式的房屋，不许可人分内外，久之，也就成了习惯，到了北平，就常因走到人家上房，引起了厌恶。若到西安去，也要谨慎。再者，在西北地方，便是走错了路，遇到妇女，也不宜胡乱开口向人家问路，我亲眼看见我的朋友，碰过很大的钉子。

最后，说到方言这个问题，陕甘宁青四省，汉人都是操着西北普通话，并不难懂。到西安去，扬子江以北的各种方言，他们都可以懂得。陕西方言，大概是喉音字，发出来最重，如"我"字，总念作"鄂"。舌尖音往往变成轻唇音,如"水"念作"匪"之类。大概知道这一点诀窍,陕西话是更容易了解了。

巴适四川

巴适四川

巴适四川

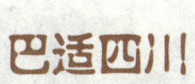 

胖娃胖嘟嘟,骑马上成都。

成都又好耍,胖娃骑白马。

白马跳得高,胖娃耍关刀。

生意做得嗨,半夜都出差。

生意做得大,清晨八点打电话。

一声声的川味童谣、一句句游走于成都街巷

致我们正在消逝的文化印记·百变方言

　　现代与古老交汇的成都，是四川方言最具有代表性的城市。城市发展的两个极端，也折射出四川方言可能的两个方向，是在现代的发展中迷失，还是在古老的传承中得以延续。

的"龙门阵",任谁都能感到一种浓浓的独特的成都味道。

它鲜香而醇浓,麻辣而清爽。这也是天府之国四川的味道。

蜀韵川味

在成都平原的市井街巷之间,"麻辣"与"温暾"形成鲜明对比,形成一种痛快淋漓的刺激;麻辣与安逸,又不露痕迹地交融着,形成了四川人特有的生活韵味。

"麻辣"的外在表现于美食,内在则主于性子。

无辣无以成菜,无辣无以成日子。隆起的四野加上境内阡陌的江渠,四川成为一个温润潮湿的世界,在极大地加深了四川物产的同时,也让四川变得"雨多、潮湿、寒冷"。

"贵州的太阳,云南的风,四川的下雨像过冬。"四川人除了要抵御雨水的淋漓,更要排抗寒气的

致我们正在消逝的文化印记·百变方言

四川人的餐桌，最离不开的就是麻与辣。而今日川菜中麻辣的典型又非火锅莫属，在红色的汤底与麻香的诱惑中，不知有多少人深陷其中，难以自拔。

侵蚀。为此，四川人在古代，找到了一种叫花椒的食物。

这种产于四川西部山区，具有浓烈麻味，且带一丝辣劲的小颗粒植物让常被湿寒所困的四川人如获至宝。它的刺激性感官享受让人能够暂时忘却寒湿的侵袭，并能使人在长时间内保持干热的体感，让身体与外界对立起来，却又平衡地融合起来。这，就是四川人所需要的。

从人类有文字记事日期起,花椒便被带上了四川人的餐桌,麻不仅刺激着四川人的味觉,也在改变着四川人的语言和生活。

在辣椒传入四川之前,麻占据主导,但却难以有与之配伍之物,数千年的时光中,花椒孤独

川人嗜麻,普通的花椒很难满足四川人的口味,只有花椒中的极品——麻椒才是川人的最爱。

致我们正在消逝的文化印记·百变方言

而寂寥,直到明清之际,一种叫作辣椒的美洲观赏植物漂洋过海来到四川之后,四川人才仿佛为单身了数千年的花椒找到了最好的新郎。

"花椒与辣椒的相遇,是饮食史上最大的艳遇。"

四川人太需要辣了,花椒的辣是淡雅的,辣椒的辣才是奔放的。花椒辣椒,一麻一辣,构成了四川人排抗寒湿的全部,之后逐渐放大,又成为四川人饮食的全部。

这些弥散在椒香中的味道,终让我们看到一个更多彩的四川。

"你这海椒辣不辣哦。"四川人将辣椒称为海椒,凡蔬菜集市,辣椒摊前总是人来人往,询问者

四川特产二荆条辣椒,与一般辣椒的辣味不同,其特点是辣且香,是正宗川菜不可或缺的调料,也是郫县豆瓣和涪陵榨菜必须要采用的原料之一。

众，而所问者必与辣相关。如若不辣，则必然摊可罗雀，如若有朝天椒一类猛辣之椒，则必然生意兴旺得多，有时为避免尴尬，摊主也会扯着嗓门地吆喝："买海椒哦，能把嘴巴辣起果子泡的海椒哦。"

在四川人眼中，麻辣是自己生命的火焰，没有麻辣，就好比火红的玫瑰失去了鲜艳的色彩，不会再有灵活鲜动的样子。麻辣作用于口腔，除了是一种味觉，还有一种痛感，灼热的疼痛之后是川人大汗淋漓、胃口大开的奇妙官感，这是一种不吃辣的人怎么也享受不了的感觉。而对于嗜辣的川人来说，它却像是植根在骨子里，无须刻意培养，天然而成。

在必要关头，辣椒的疼痛激发的就会是川人的血性。

所以我们可以看到很多带着"泼辣刚烈"劲的四川人，如朱德、刘伯承、陈毅，如在抗日时期最显英勇无畏的川军。同时，行走在四川街头，我们也可以寻觅到一种百折不弯的麻辣劲在蠢蠢

因为嗜辣,四川人的习性中也有一种天然的辣味,四川男子平时温文尔雅,但遇上大事时,却是血性迸发,不输山东汉子。四川女子更甚,本身就是泼辣重情,故又有"辣妹子"之称。

欲动,比如万人高喊的"雄起"。

四川的女子也多被称为辣妹子,她们往往性格泼辣,且又重情重义,有着如辣椒一般的热情;她们更往往麻利而勤劳,从不扭捏作态,是操持家务的一把好手。

与麻辣相对,四川人又是温暾的。凡对成都有所印象的人都知道,成都是一个闲适的城市。

生活不紧不慢,松弛而富有乐趣。

在成都方言中,我们能见到的频率较高的一个词就是"耍"了。"怎么耍""耍啥子",三两朋友见面,必会如此问候,若志趣相投,便携手同去,耍开心了,回来以后便会谓之"好安逸""好巴适"。

涮火锅、在茶馆搓麻、在剧场看川剧、周末带上亲朋好友去"农家乐"游玩,这是家家户户

川菜的调料,其展现出来的味道,其实也是四川方言的味道。

都要的耍。而在公园里看老人下棋，去领事馆路、棕北一带的酒吧喝洋酒，这是特殊的耍。但无论哪种耍，在本地人和外地人眼中怎么都是温暾的。

"烦得很""飞飞儿""风扯扯的""耙耳朵"……在被温暾包围的成都，听着如此"软玉"又带着"麻辣"劲儿的四川话，不仅让人好奇，也会让人感觉这语言有着一种抑扬顿挫的美。

"龙门阵"里四川话

有得三五人，有得落座的一方天地，甚至不需要茶水糕点，龙门阵就能很自然地摆起来。

"龙门阵"可以被看成是成都话的最好的载体,要找到最地道的四川话,参加"龙门阵"就够了。

茅盾《如是我见我闻》说:"上茶馆,摆龙门阵,是这里的风尚。"这个"摆"字,作动词解,有说、谈、讲解、陈述的意思,有铺陈排比的味道。蜀人司马相如和扬雄便是铺陈排比的高手,他们是"汉赋"的大家。赋这种文体,虽然在历史的长河中逐渐被其他文体代替,但赋的精神却在成都平原广泛流传,以"龙门阵"的形式展现出来,直至今日。

"龙门阵"一词源于何时,不得而知,但它和"摆"字组合在一起,就成了四川人农闲茶余、休闲娱乐中最常见的一种消遣方式。"龙门阵"中,天文地理、

世事风云无不可侃侃而谈。而所谈用语,便是最正宗的四川方言。

尤其是成都人,但凡见着熟人,大多喊一声:"过来坐一哈哈儿吧。"便有人应得。如是长辈,多称一下"老辈子",人便笑呵呵地来了。如是同辈,"大哥大姐"一张罗,大家也都流出灿烂的微笑趋前。即便是小孩,喊他"小崽""娃儿""小妹",他(她)也不生气,反过来跟你凑热闹。

有得两三个人,便搬出桌椅,聚于院门之中,泡上两杯热茶,大家敞开了聊。这就是四川人的生活方式,他们爱摆龙门阵,就好像他们爱泡在浓茶中一样。

俗话说"树老根多",如果一个城市的历史够古老,那这个城市的语言也会多起来。

"一年成聚,二年成邑,三年成都",起源于周太王时期的成都有着漫长的时空长河,自然也有着太多的谈资,这一切都能在龙门阵中体现出来。

"既有远古八荒满含秘闻逸事古香古色的老龙门阵,也有近在眼前出自身边顶现代顶鲜活的新

成都有一怪，玄龙门阵吹得不是盖。成都人的日子过得休闲，一到了节假日，三五个朋友就邀约在一起找个茶馆摆龙门阵。龙门阵摆起就玄了，都在吹牛，所以又谓之"玄龙门阵"。

龙门阵；有乡土情浓地方色重如同叶子烟吧哒出来的土龙门阵，也有光怪陆离神奇万般充满咖啡味的洋龙门阵；有正经八百意味深长庄重严肃的素龙门阵，也有嬉皮笑脸怪话连篇带点黄色的荤龙门阵。"

从林文洵的《成都人》可以看出，四川人的龙门阵无所不包。其中较多者是新闻时事。去过成都的人都知道，成都的报摊多，那很大程度上就是因为成都人需要摆龙门阵，需要报纸来提供谈资。

摆龙门阵的"摆"字还能显出功夫来，有功底深者，能把一件普通的事情用四川话给你讲出一朵花来。蜀人推崇三国的丞相诸葛亮，诸葛亮用兵的莫测，就好比今日四川人说话的道门。在一个摆龙门阵的场合，如是见人神采飞扬，口若悬河，那他必是一个能渲染平淡无奇的故事的人，而人们也多喜欢静静聆听这样的讲话，于是多少年前，李伯清开始走红于城乡，就源于他那舌绽莲花的乡音。

四川人总像是有着丰富的联想力，他们口中蹦出的方言乍听起来都有着生动的韵味，如果你能听得懂，你能第一时间感觉到成都人那种初相逢即老友的热情。谈古说今，上天人地，中外熔于一炉，妙语连珠，妙趣横生，多姿多彩而富含滋味，有声有色又有新意，这就是四川人摆龙门阵的妙处。

从时光的深处走来,从街头巷尾中窜出,现在的成都龙门阵有不少已经走进了茶馆。茶馆是一个最能释放闲情逸致的地方,因此它便更多地替代了院落街巷。喝着毛尖,双手一拢,将鞋子伸出,让擦鞋者擦着,轻轻松松地就把大山侃了,醉意蒙眬中消磨掉一天的时光,这是成都人最喜欢的。

成都人不是不敬业,而是觉得生意无所谓,有的吃就够了,关键是人的心情要好。于是,温暾的四川人总是闲适地活着,慢速的四川话中总是软玉般地响彻着,在四川的每一个坝子,每一个街角。

生活复制的乡音

将龙门阵放大,将四川方言放大,你是可以据此研究四川人的性格的。

如果从历史的长河中上溯,四川方言最早可看做是非汉族语言的古蜀语与古巴语进化的产物。

四川、秦岭、巴山、青藏、云贵高原，四围崇高的群山将它隔离成一个封闭的空间。川内江河纵横，川流的洗刷造就出平坦的成都平原。对这种冲积后形成的低矮平地的描述，蜀人自古称之为"坝"，并得以保留到现在，成为古蜀语和古巴语在四川方言中沿袭传承的不多见证。

然而，再高的群山也阻隔不了四川与中原的往来联系，再独立的古蜀语与古巴语也需要与汉语互相融合。

公元前316年，秦国相继灭巴、蜀两国，中原华夏族的制度与政令，便逐渐扩展到了蜀地，蜀地也开始有了大量来自于华夏地区的移民。在语言的碰撞中，蜀语与华夏语开始了最初渗透，并互相择优保存，并且在西汉末年形成了较有特色的古蜀语。

《文选》卷四载左思《蜀都赋》刘逵注引《地理志》中记载:"蜀人始通中国,言语颇与华同。"在第一次的碰撞与融合之后,古蜀并入中原,古蜀语也有幸成为汉语的一支。

之后,蜀地与中原几番往来,屡次融合,语言系统得到了很大的改进,词汇量也逐渐丰富,但声调特色等四川坝子上的东西却也始终保留,并在四川人的血液和灵魂中一直成长。

四川很多地方,举行宴席时多喜在院落或室外空地进行,甚至就摆在田间地头,于此,四川人便形象地称之为"坝坝宴"。

之后的历史,填蜀运动越演越烈,从湖南、广东来的人们在移居四川以后,不仅带来了他们原来特有的乡音,也在逐渐吸收蜀语中特有的方言,并在时间的催化中入乡随俗,使四川方言成为华夏语系中最具融合特色的一个语种。

四川话中最大的特色恐怕就是幽默了,每逢大灾大难,四川人首先表现出来的不是悲天怆地,而是略带自嘲的戏谑,几千年来无不如是,就仿佛四川人骨子里就是带着幽默的基因一样。

如果你读四川人写的右派回忆录,遭罪、悲苦自不必说,但是基调却是举重若轻,正话反说,口吻中处处是戏谑、解嘲。

比如某书说劳改营的故事:"一位作家,接到家里寄来一个包裹,他只拆开一点点,闻一闻,就知道里面包的是当时叫作'高级饼子'的糕点,喜出望外。到晚上,他躲到被窝里一口气把那些糕点通通吃完,得到极大的满足。第二天,他又接到一封家书,信上说,注意!每一块饼子背后都贴着一斤粮票。也就是说,他一阵狼吞虎咽,把饼子和粮票都吃掉了,悔之晚矣!"

又比如说 2008 年的汶川地震,这是一次让全世界都为之心痛的灾难,然而四川人在极力地重建救援之时,也没忘了幽上一默:"比地震可怕的是余震,比余震可怕的是预报余震,比预报余震更可怕的是预报了余震却一直不震。""上联:灾区人民无房可住在余震中等待吃喝;下联:成都人民有房不住在吃喝中等待余震。横批:都很恼火。"四川人心里苦,但在四川话中却多半是带着笑的。

在龙门阵中,我们也可以看见,四川人善于将严肃付诸谐谑,将刻板演绎成轻松,甚至将神圣化解为庸俗,即使是正剧悲剧,到了他们口中,一摆出来就涂上了浓浓的幽默滑稽色彩,戴上了

小丑面具。

语言是一种文化品质的体现。

班固《汉书》曾说四川:"民食稻鱼,亡凶年忧,俗不愁苦,而轻易淫,柔弱褊厄。"此说按《汉书》所记历史算,已近两千年。

尽管现在的四川人已不是严格意义上《汉书》所说之四川人了,但一方水土养一方人,在崇山峻岭中陶醉于物产丰盈的四川人,"俗不愁苦"却从未改变。

因此有人说,四川话是世界上最幽默的语言。走在四川城乡,你会很容易地发现,四川方言里很少有表现悲伤、痛苦的词汇。比如,摔了一跤,四川人不说"摔得好痛",而是说"摔疼安逸了","疼"和"安逸"是两个词义相反的词,但四川人却将其合起来用,在表达痛苦时也不忘把自己调侃一番。

"巴适惨了""好吃惨了"……如此语汇,其实无不如是。

四川话的幽默劲还在于四川话中副词、动词

于外乡人而言,"巴适"或许是最能代表四川方言的一个词汇了。

和形容词的后缀,强调的语气比较重,比如,普通话说"很高兴""很舒服",用四川话来表示则是"高兴得很""舒服得很""巴适得很"。

"巴适"不知源于何时,出处何处,但它却已经成为四川方言的代表之一,在四川省以外地区,提起巴适,莫不给人一种四川乡音的味道。

此外,"脏兮兮""胖嘟嘟""酸溜溜"等,也无不体现出四川方言的独特韵味。

四川话概括的特点还有借喻。早些年风靡一

时的"雄起",原本指的是川人好热闹,喜欢打抱不平的性格特征,后被四川球迷用在足球场上替代传统的"加油",一时引爆全国。类似形象生动的引申词语还有"下课"等,更是窜进全国人的思维形式中,成为四川人发明的一个全国通用词汇。

四川人喜欢玩麻将,时下有一种非常流行的麻将玩法名叫"血战到底",它亦非常俏皮地表达

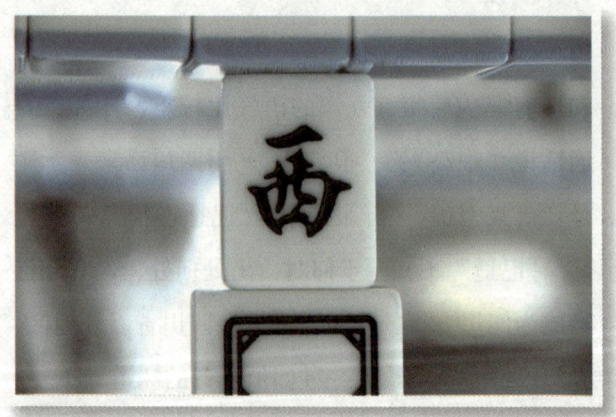

麻将,是四川人主要的娱乐方式。同时,也因为流行,不少麻将术语也被沿用到生活中来,比如"血战到底",比如"换叫",等等。

了四川人喜欢博彩的热辣性格。"换叫"原本是麻将术语，方言则巧妙地把它比喻为离婚之后的再娶；"吃诈糊"也是麻将术语，它和"打冒诈"一样有着欺骗别人的意味；"勾兑"一词本是酿酒行业的术语，四川人却用它暗喻拉关系、套近乎；"再见"的英文"goodbye"被四川话翻译过来便成了"估倒掰"，意指恋人之间痛苦的分手。

"好巴适"的吸引力

麻辣与温暾的交融，闲适与安逸的情调，不仅仅存在于四川人之中，也吸引着五洲八洋的外来者。

这群外来者的典型，是艾明和江喃。

来自以色列的艾明，目前在成都上班，他说他选择四川，是因为四川太巴适、太舒服了。

出生在夏威夷，生长在美国西海岸西雅图的江喃则称，听说四川有吃不完的辣椒，所以选择四川。

四川省历史文化名街宽窄巷子。

成都,一座来了就不想走的城市。

突然想起成都的这句广告语。的确,成都的闲适安逸让人产生向往,让人择而居之,每天都在吸引着四方八面的各色人等。一座来了就不想走的城市,这样的事件就在我们身边活生生地发生着。

其实,留下艾明和江喃的,不单单是成都的美食,巴适安逸的生活,还有那些具有市井幽默和智慧的乡音。麻辣鲜香的"饭的味道"也融入了四川的方言中。

艾明认为,四川话中最有代表性的词汇是"吃饭"。"这里的吃饭特别多,天天都能听到吃饭这两个字。我觉得普通话非常好听,但是四川话更有活力,他们说的"hai"和"si"那些发音我觉得很有意思,很有趣,很有感觉。"

作为一个外来者,艾明开始理解四川话中的韵味,开始试着去寻找四川话中不一样的地方。

至于江喃,他十七年前来成都留学,在一次吃辣椒的比赛中,一口气吃掉56颗朝天椒,是四川火锅留下了他。如今他的四川话比自己火锅店里的员工还要地道。

我住这里,喜欢这里。这里的天气温温和和,人也温温和和。我最喜欢骑车缓缓地走过这里的大街小巷。因为这里一切都是慢悠悠的,我想这才叫生活。

他原本叫江南,由于贪吃,嗜吃,自己给自己的名字加了个口字旁,变为江喃,提醒自己身在四川,就要既能说得,又能吃得。

"所以,加个口旁特别合适。"江喃自嘲。

江喃笑称:"小时候在美国吃了各种牛排、意大利菜、泰国菜、墨西哥菜,这些菜很多都有辣椒,但是都缺少花椒,所以说我觉得这种麻味儿跟菜品做法是最大的区别。特别是,包括我最爱吃的麻辣火锅。"

对于四川的迷恋让江喃将四川话学得溜熟,这让他店里的四川员工都感到惊奇:"一个外国人能够把四川话说得这么地道,完全融入成都的生活当中,实在是很了不起。"

正如拥有爱情的婚姻能让人迷醉一样,拥有麻辣味的川菜和方言,也同样让人欲罢不能。它吸引的不只是江喃,还有更多的国内、国际人士。

想想也是,无论你在塞北还是南粤,是在高原还是海边,当你走进一家川菜馆时,很自然地就怀有一种对麻辣的期盼,即使外地的川菜还远没有四川本地正宗。

麻辣鲜香，是川菜的风格，当然也是四川话的风格。同样的水土孕育出来的事物，总是有共通性的，有自然味的。成都，一直被联合国评定为宜居城市，也许有很大部分便得益于麻辣交织出的这种普适味道吧。

生存危与机

有人进川，也有人出川。

作为我国劳务输出大省，近几年，每8个四川人中就有一个去外地工作和生活。乡音中的四川味道，在行走中渐行渐远。

乡音也仿佛川菜，固然可以在大饭店里钟鸣鼎食，但那吃只不过是一种形式。离开了故乡的水土，饭菜也就变了味道，方言也开始搭载外地的腔调。即便怀念房前屋后的小米椒，怀念院坝茶馆里摆不完的龙门阵，但不在成都，不在四川，你就只能徒呼奈何。

外出的川人，走得越久，就越容易忘却四川的乡音，这怪不得外出者，只因为中国的地大物博，只因为作为人类，都要入乡随俗，都有使词汇生疏的脑细胞。

四川的外出务工大军，当他们因为生活所迫，把故乡甩在身后，也把乡音甩在了身后。

不止外出者，就算未外出者又如何呢。作为一个新事物发展最快的时代，作为一个各地联系至关紧密，各地都至为开放的时代，一个地缘想要保持住自己的特色，都是举步维艰。

推广的普通话在抵御土著的方言，在让人忘却生僻的方言词汇，文化的提高，城市化的进程，都让我们更加容易遗忘当地的方言，而加入到语言一统的主流大军中来。

就四川省内而言，以前，上学用的是方言，现在，都是普通话，这便不得不让人担心四川方言会越走越远，以致最后被遗忘在历史的时间角落中去了。

四川方言的生存危机，让曾经参与编撰《四川方言词典》的四川大学中文系教授张一舟心中五味杂陈。

也许乡音还是无改，但一些乡音中的词汇我们却忘记了，只有在被别人提起时，我们才能依稀想起。

"经济发展，交流增多，很多人自觉地学习普通话，因为你要出去，学习普通话走出去才有可能，不管是出去求学还是出去打工，所以很多年轻人父兄一辈知道的他就不知道了，说四川话就

朗朗的读书声浸润的是普通话的声音,可我们的方言呢,仅靠生活的传承,不知会否逃得过文化和城市的双重抵抗。

是把普通话机械地折合成四川话,出现了语言代沟,他说的是四川话,但是声调其实是普通话。"这是张一舟说得最多的话。

怀有同样心情的,还有飞哥。

每天傍晚的5点开始,成都的车水马龙中,飞哥在收音机里给大家摆上了美食龙门阵。他从中央戏剧学院表演系毕业回到成都成为一名四川方言主持人。在北京,飞哥天天念着家乡的川味道,他觉得只有用地地道道的四川话推广四川美食,才是浓淡随心"盐"。

飞哥感叹:"因为成都话就是所谓的有盐有味,比如我们要讲夫妻肺片,用成都话来讲,这个牛肉切得纸那么薄,花椒面、海椒面润起,吃到嘴里辣 fefe 滴……你看它就生动多了。"

但飞哥也说,成都这个城市越来越移民化,我们身边很多人来自不同地方,要想保住四川的方言味道,我们就一定要找到那个魂、那个根、那个本,让我们现在这个年龄的人尽量地想把它传承下去。

舌尖上的味道,耳畔

四川腊肉:属于川菜系,外表颜色金黄。内里红白分明。颜色鲜亮,多用烟熏,味道独特,诱人食欲。在四川地区也有的将腌制好的肉直接置高处风干,不经过烟熏。成品是风肉,其吃法和腊肉相同,肉质红亮,咸鲜适度,并具烟香之味。酒饭均宜。

的乡音，最系得住乡愁的滋味，失去它们，醇厚会变得稀薄，浓情会化作逝水。

有的人说，如果用一个字来形容，我觉得就是"味道"的"味"，就是有味——味道。还有人说，四川话对我们这一代年轻人来说，觉得就是一个字——活，在和四川以外人交流的时候我们还机智灵活地创造出了"川普"，就是大家说的四川普通话。

在这个时代，移民化的浪潮席卷着每一个城市，成都也不例外。而移民，在将外来文化注入成都的同时，也在推进着四川方言消失的速度。

土话也好，川普也罢，我们只希望，四川方言中最精华的部分能够保留下去。我们希望看到的是，多少年以后，仍然有人知道"今天我把头发盘成了一个鬏鬏"是指"头发上盘成了一个结"，知道"秋腊肉"是指"烟熏腊肉"，知道"巴适"是指"舒服""安逸"的意思，而不是没有了地域的味道。

记者手记

近凌晨2点,在所有人的共同努力下,终于诞生了这么一篇《四川好"巴适"》。

最初听到"方言""印记"这两个关键词,脑海中浮现出的就是《回乡偶书》中的两句"少小离家老大回,乡音无改鬓毛衰",对于游子们来说,即便身已远、容已改,还有乡音,牢牢系着梦里的故乡。或许,随着时代的变迁,方言会流变,但对于个人而言,一口乡音就是家乡永恒的烙印。

采访中,成都台主持人飞哥说了一个小故事。某次出国,飞哥和朋友们遇到一位久居海外的华人,彼此听

闻乡音很是亲切，于是见面便熟了几分。可当这位老人用了一个"老成都"词语，无人明白时，尴尬中还生出了几分隔阂，直到飞哥站出来接上他的话，这份亲近感才再次涌现出来。几经波折的情绪，一方

成都电台交通频率的飞哥每天用地道的方言推广四川美食。

面说明确实出现了语言代沟，一方面更印证了，耳畔的乡音才最系得住乡愁。

可即便珍惜珍贵，方言的流变也是环境和时间的使然。为了录几句地道的"川味"吆喝，四川站的同事特地带我去了文殊院附近的巷子。初冬暖阳，打麻将、喝茶、摆龙门阵的嘈杂中尽是一派成都范儿的闲适。可是除了几声吸引游客的吆喝，叫卖三大炮的青年，执意不肯再用方言与我们交流，几位高中学生也告诉我们平时都说普

通话；而这些也是四川大学中文系教授张一舟所担忧的问题。

不过，正是因为发现了问题，才让问题有了解决的可能。在采访中也听到了不少好的消息，如今有许多人在通过不同的方式为方言"留档"。北京寻找了一批老人作为方言传承人，在湖南有人自费为方言保存资料。而在四川，1987年张一舟教授等人编撰的《四川方言词典》在2014年再版，并成功成为"网红"，引起不少年轻人的关注。民俗学家袁庭栋准备在年底出版一本全注音的四川方言工具书，尽力保留纯正的四川话发音……特别是，还有如江喃这般，不远万里漂洋过海来学习中国方言的"老外"……他们都为保留方言文化印记做出了自己的贡献。而或许在未来，我们还可以做得更多。

吴　菁
2015年12月2日凌晨3点

川语清音

释义：糊弄

例式：你要对我说真话，不要豁我噻。

释义：扭动、转动

例式：大少爷，要不要把灯车小一些。

释义：干什么

例式：你在那儿蹲着爪子？

致我们正在消逝的文化印记·百变方言

释义：吵架，也可说"扯皮"

例式：那两人又在扯经了。

释义：挖苦

例式：你又来弯酸我了。

释义：鼓励、支持、帮忙

例式：今天这件事情你要给我扎起哈。

释义：为啥、为什么
例式：连个自行车都不会骑，你咋个搞起的嘛。

释义：完蛋、一无所有
例式：今天打麻将，身上的钱都被洗白了。

释义：名堂
例式：我一眼就看出来了，这里面有板眼。

释义：刚才

例式：才将有人把他叫出去了。

释义：讲故事、聊天

例式：我给你摆个好听的龙门阵。

释义：惹人注意

例式：像他这么打眼的人，很容易被人认出来。

释义：顶事、中用

例式：要办成这件事，钱少了不抵事。

释义：地点、地方

例式：我晓得他住的那个地头。

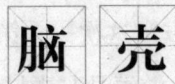

释义：脑袋

例式：昨天那件事，总在我脑壳里打转。

可爱的成都

老 舍

到成都来,这是第四次。第一次是在四年前,住了五六天,参观全城的大概。第二次是在三年前,我随同西北慰劳团北征,路过此处,故仅留二日。第三次是慰劳归来,在此小住,留四日,见到不少的老朋友。这次——第四次——是受冯焕璋先生之约,去游灌县与青城山,由上山下来,顺便在成都玩几天。

成都是个可爱的地方。对于我,它特别的可爱,因为:

(一)我是北平人,而成都有许多与北平相

似之处,稍稍使我减去些乡思。到抗战胜利后,我想,我总会再来一次,多住些时候,写一部以成都为背景的小说。在我的心中,地方好像也都像人似的,有个性格。我不喜上海,因为我抓不住它的性格,说不清它到底是怎么一回事。我不能与我所不明白的人交朋友,也不能描写我所不明白的地方。对成都,真的,我知道的事情太少了;但是,我相信会借它的光儿写出一点东西来。我似乎已看到了它的灵魂,因为它与北平相似。

(二)我有许多老友在成都。有朋友的地方就是好地方。这诚然是个人的偏见,可是恐怕谁也免不了这样去想吧。况且成都的本身已经是可爱的呢。八年前,我曾在齐鲁大学教过书。七七抗

致我们正在消逝的文化印记·百变方言

战后,我由青岛移回济南,仍住齐大。我由济南流亡出来,我的妻小还留在齐大,住了一年多。齐大在济南的校舍现在已被敌人完全占据,我的朋友们的一切书籍器物已被劫一空,那么,今天又能在成都会见其患难的老友,是何等的快乐呢!衣物、器具、书籍,丢失了有什么关系!我们还有命,还能各守岗位地去忍苦抗敌,这就值得共进一杯酒了!抗战前,我在山东大学也教过书。这次,在华西坝,无意中也遇到几位山大的老友,"惊喜欲狂"一点也不是过火的形容。一个人的生命,我以为,是一半儿活在朋友中的。假若这句话没有什么错误,我便不能不"因人及地"地喜爱成都了。啊,这里还有几十位文艺界的友人呢!与我的年纪差不多的,如郭子杰,叶圣陶,陈翔鹤,诸先生,握手的时节,不知为何,不由的就彼此先看看头发——都有不少根白的了，比我年纪轻一点的呢，虽然头发不露痕迹，可是也显着削瘦，霜鬓瘦脸本是应该引起悲愁的事，但是，为了抗战而受苦，为了气节而不肯折腰，瘦弱衰老不是很自然的结果么？这真是悲喜俱来，另有一番滋味了！

（三）我爱成都，因为它有手有口。先说手，我不爱古玩，第一因为不懂，第二因为没有钱。我不爱洋玩艺，第一因为它们洋气十足，第二因为没有美金。虽不爱古玩与洋东西，但是我喜爱现代的手造的相当美好的小东西。假若我们今天还能制造一些美好的物件，便是表示了我们民族的爱美性与创造力仍然存在，并不逊于古人。中华民族在雕刻、图画、建筑、制铜、造瓷……上都有特殊的天才。这种天才在造几张纸，制两块

墨砚,打一张桌子,漆一两个小盒上都随时地表现出来。美的心灵使他们的手巧。我们不应随便丢失了这颗心。因此,我爱现代的手造的美好的东西。北平有许多这样的好东西,如地毯,珐琅,玩具……但是北平还没有成都这样多。成都还存着我们民族的巧手。我绝对不是反对机械,而只是说,我们在大的工业上必须采取西洋方法,在小工业上则须保存我们的手。谁知道这二者有无调谐的可能呢?不过,我想,人类文化的明日,恐怕不是家家造大炮,户户有坦克车,而是要以真理代替武力,以善美代替横暴。果然如此,我们便应想一想是否该把我们的心灵也机械化了吧?次说口:成都人多数健谈。文化高的地方都如此,因为"有"话可讲。但是,这且不在话下。

这次,我听到了川剧,洋琴,与竹琴。川剧的复杂与细腻,在重庆时我已领略了一点。到成都,我才听到真好的川剧。很佩服贾佩之,萧楷成,周企何诸先生的口。我的耳朵不十分笨,连昆曲——听过几次之后——都能哼出一句半句来。

可是，已经听过许多次川剧，我依然一句也哼不出。它太复杂，在牌子上，在音域上，恐怕它比任何中国的歌剧都复杂好多。我希望能用心地去学几句。假若我能哼上几句川剧来，我想，大概就可以不怕学不会任何别的歌唱了。竹琴本很简单，但在贾树三的口中，它变成极难唱的东西。他不轻易放过一个字去，他用气控制着情，他用"抑"逼出"放"，他由细嗓转到粗嗓而没有痕迹。我很希望成都的口，也和它的手一样，能保存下来。我们不应拒绝新的音乐，可也不应把旧的扫灭。恐怕新旧相通，才能产生新的而又是民族的东西来吧。

还有许多话要说，但是很怕越说越没有道理，前边所说的那一点恐怕已经是胡涂话啊！且就这机会谢谢侯宝璋先生给我在他的客室里安了行军床，吴先忧先生领我去看戏与洋琴，文协分会会员的招待，与朋友们的赏酒饭吃！

粤语铿锵

粤语铿锵

粤语铿锵

月光光，照地堂，
年卅晚，摘槟榔，
槟榔香，摘子姜，
子姜辣，买蒲达，
蒲达苦，买猪肚，
……

听着这首欢快的粤语童谣《月光光》，任谁的思绪都免不了翻越万水千山，去往岭南，那个被粤语包围的世界。

汉音唐话

粤语里有很多古意盎然的词，比如"复古闲饮茶"，这个"得闲"就在楚辞里面。一个满口粤语的广东人，也许说话的时候，一不小心就会让自己成了一个古人。

粤语发源于古代中原雅言，粤语名称则来源于中国古代岭南地区的"南越国"（《汉书》中作为南粤国），民间亦称"白话"，或是广东话。

广东人来源于古代百越民族，在汉唐时期全面接受中原文化的熏陶。此后关山阻隔，广东一地免受胡人沾染。在中原方言大量与胡语交杂融生之际，它却反倒留下了不少的汉音唐话。

清末民初，广东一地又首开与西洋接触之风。西洋人初来中国，接触的并非中原官话，而是粤音。同时，粤语也开始向西洋话借词，从而逐渐丰富活泼。

粤语语音丰富，有声母二十个，韵母八十八个（介音三十五个），声调有九声（或十声）。同粤语相比，普通话声母的数目相若，但韵母及声调却少了一半，因此粤语辨义能力大，口语可用单章节词，不必复音化，文书也很简洁。

普通话讲眼睛、杯子、马儿、石头，粤语口

致我们正在消逝的文化印记·百变方言

"吾往广州",作为广东的省会,广州也可说是粤语的中心。

语却只说眼、杯、马、石，文书也写眼、杯、马、石，类如古文。

在语法上，粤语也是保存汉唐语法较多的中国方言之一。粤语口语"我去广州"，粤曲"富过石崇，穷过蒙正"，都是古文语法。如果是写文雅的中文，粤语中的"我去广州"即可变为"吾往广州"，方便不少，而要从普通话中的"我到广州去"转变，反而稍显碍事。

拿粤语中独特的发音字来说，除了开篇的"得闲"，很多人会以为"靓"字是粤语特有，这却是一个误解。

在中国古代，"靓"是一个全国通用的字，意为美丽、好看，只是近代，其他地方已少有用及。《后汉书·南匈奴传》中形容王昭君的美貌时即称："昭君丰容靓饰，光明汉宫。"靓，音"jing"（同"静"）。粤语将靓字保留下来，不过方音很难用普通话拼音法标出来，大致上读"liang"（和"亮"字发音接近）。

靓字简短、发音洪亮、表现力强，含义不单

是美丽、好看,而且有品质良好之意。漂亮的青年女子叫"靓女",漂亮的青年男子叫"靓仔"。不仅如此,粤语中还将长得不太显老、比较好看的 40 岁到 60 岁的妇女也可以当面称之为"靓姨"。

南音北渐

在改革开放之初,中国人似乎一夜之间,满大街地飘起了粤语的回响。

在粤语文化大举"北伐"之前,北方人是看不起粤语的,称粤语为"鸟语",说是听起来像鸟

作为改革开放的桥头堡,粤语似乎只在一夜之间,就在全国的街头激起了回响。

叫。但这一切,都因为广东一跃成为潮流的风向标而改变了。

20世纪90年代初,人们都说"东西南北中,发财到广东"。广东成了多少人财富梦的挖掘之地,之后,外来客们由于语言方面的障碍,自觉不自觉地便学起了粤语。

那时候,粤语的氛围是不用刻意营造的。在

广州,每天中午讲古大师张悦楷"前文再续,书接上一回"的声音会传遍城内的大街小巷。茶楼戏院里也总能听到粤剧、南音。

那时候,粤语既是传统,又代表潮流。它裹挟着香港的流行文化一路北上。香港影视剧中的悲欢离合、恩怨情仇,粤语歌曲中的古风和情义,填补了内地青年的文化想象。

那时候,很多人就觉得那边那个城市是一个完全不一样的世界,他们的生活、穿着,包括他

们的价值观都不一样,好奇与融汇的念头交织。

"搭的士"演变成"打的","搞掂"演变成"搞定",这些词汇大张旗鼓地进入了普通话,并被收入词典。第五版《现代汉语词典》便一下子收入了上百条由粤语演化而来的词汇。

那是一个粤语和普通话大量交流,大量碰撞的时代,大家互相都在使用,便觉得非用这个词汇不可,它也有力地表明,粤语其实不在边陲一隅,它也可以影响全国。

时代的变革,促使了南音北渐的发生,粤语也一度大有"中兴之势"。

　　南音北渐的发生，也反映了时代的变革，这些被吸收到普通话中的粤语字词，本身也具有不可替代的优越性，普通话也需要从全国各地的方言中吸取营养，让自身不断发展与丰富起来。

　　粤语源之于古代官话，也是南方的大语系。那时候，的确大有"中兴之势"，俨然已成为中国除了普通话之外第二种最具影响力的语种。

　　当然，那时候粤语的流行，表面看是因为流

行歌曲，实则是经济实力使然。开放先声广东，以它迅速崛起的态势，足足影响了一代人。

粤语的退势

粤语北上的同时，南下的大军也开始涌向刚刚开放的经济特区，珠三角迎来了史上最大规模的人口迁徙。

有两千多年历史，完美保留了中古汉语特征

未曾想，南下经济特区的人潮，却使粤语遭受了前所未有的冲击。

的粤语,可以作为古汉语研究活标本的粤语,在最近二十几年时间里也开始遭受到了前所未有的冲击。

人们发现,虽然有不少人学粤语,可是说粤语的人却渐渐少了。

外地人来到广州,仍然会觉得粤语扑面而来,但本地人知道,讲粤语的机会没有以前那么多了。

出生于广州的王欣,一直不明白他从小就会唱的那首民谣《月光光》里,那个"蒲达"究竟指何物。

苦瓜,在粤语中即为"蒲达"。

直到许多年以后，王欣编辑了一本有关童谣的书，才知道了答案。原来，"蒲达"就是苦瓜。

1979年出生的劳震宇更是发现，自己常说的粤语词汇，在更年轻的90后那里成了生僻词：他们会说青蛙，不会说"田鸡"，或者说风筝，不会说"纸鸢"，甚至有些东西忘记了原先用粤语是怎么表达了，他们可能会直接说"坑爹"了，而不会说"揾笨"。

在鳞次栉比的高楼背后，是普通话的越发普及，以及本地乡音的日渐退去。

也许，不是大家都不说广东话了，而是会说广东话的不说广东话了，说广东话的人的比例在变少。比如，有十个人坐在一起，有一个不会粤语，大家都会讲普通话，这种包容已经存在了很多年，但这种包容却慢慢会让人迷失自己。

保护的声音

在粤语衰退的同时,广东民间,也出现了很多保护粤语的声音。

土生土长的叶丽诗是广州市大南路小学的校长,课间碰到孩子用普通话问好,她会用粤语去回答。叶丽诗称:"我要去告诉孩子们,哪些时候你应该说广州话,哪些时候你应该说普通话,其实他不会是很自觉地去说广州话。就是希望有这么一个氛围。"

广州市大南路小学校长叶丽诗接受记者采访。

劳震宇也和几个朋友一起做了一个名为《舌尖上的粤语》的微视频，他说这既是传播粤语，也是为自己解惑。

"我母语的历史什么样子，我跟其他中国的语言，包括普通话，吴语也好，客家话好，他们之间的关系是什么样子。做一个这样的视频，去告诉大家，每一种母语都值得尊重。"

《舌尖上的粤语》，劳震宇和几个朋友一起做的视频，为传播粤语，也为他们自己解惑而生。

王欣编辑的《广府童谣》出版的时候，他女儿恰在美国出生，王欣把这本书看作是送给女儿的礼物，他也要像祖辈那样教女儿唱童谣，当然是用粤语。

像这样的例子还有很多……

致我们正在消逝的文化印记·百变方言

在广州留学的俄罗斯学生瓦夏也加入到了粤语保护者的大军之中。

我知道我好抵死,你队霖我都好应该。曾经有份真挚既爱情摆响我面前,我无好好甘去珍惜,等到失去左之后,先至后悔莫及,人世间最疼就系甘啦,你把剑劈落黎咯,唔使琳咯,如果上天比多次机会我,我就会同个女仔讲三只字——我爱你,如果一定要响呢份爱上面加个限期既话,我希望系——一万年。(我知道我该死,你打死我也是应该的,曾经有份真诚的爱情摆在我面前,我都没有好好珍惜,等到后来失去了才后悔莫及,人世间最痛苦的事情莫过于此,你用剑劈下来吧,不用再考虑了。如果上天再给我一次机会,我会和那女生说三个字——我爱你,如果一定要在这份爱上加个期限的话,我希望是——一万年。)

这便是很多粤语保护者的心声。

粤语清音

系

释义：是

例式：我系广州人。

###

释义：第三人称"他"

例式：请你代我问候佢。

冇

释义：无，没有

例式：这点小事冇问题。

蛇

释义：偷懒

例式：出去蛇一阵，食口烟。

饮胜

释义：干杯

例式：来，让我们一起饮胜吧。

拉头缆

释义：打头炮，带头做事

例式：我没有搞过校友聚会，不如这次你拉头缆吧。

释义：撒谎

例式：你说你考了第三名,那是车大炮。

释义：什么

例式：你说的是乜嘢话?

释义：顾客

例式：进来一个客仔,买了条毛巾。

释义：算账、结算、结账

例式：收铺之后，我就埋数。

释义：装模作样

例式：那个明星做戏太作状。

释义：学生缺课

例式：大学生走堂现象比较严重。

搵嘢做

释义：找活干、找工作

例式：毕业以后就要搵嘢做啦。

屈尾十

释义：掉头

例式：佢一个屈尾十就走人。

发市

释义：生意兴隆

例式：今日这么多客仔，真系发市。

汕头与潮州

杜重远

汕头为广东重要商埠，南通南洋，北达淞沪，商务发达，帆轮云集，由沪赴香港赴广州者必经之区，实南北交通之孔道也。

市中人口十七万许，商户八千余家，多半营出入口事业。出口之大宗首推抽纱，年达五百余万圆；次为瓷器，年达二三百万圆不等。抽纱纯系女子的手细工，即棉纱或麻纱抽成种种之花纹，用以敷桌或作物垫之用，欧美士女极爱用之，故有许多西商专作此种营业，运售于彼邦，汕头左近之妇女几乎人手一方，成为家庭中之重要生产事业。

　　瓷器之产地为枫溪与高陂。枫溪距汕头约七十余里，交通有潮汕铁路。瓷质粗松，耐火度不高，多系陶器，年产约在百万圆左右。高陂距汕头约二百二十里许，交通赖韩江之便，瓷质细密，耐火度甚高，最佳品可比江西之景德镇产品，年产约在二百万圆左右。两者重要之销场全在南洋，惜乎作法守旧，式样粗劣，近为倭邻大宗之机械品所压倒。

汕头气候虽较上海为热，然夏令多雨，且忽雨忽晴，阴云蔽日，凉风四起，并无溽暑之苦。汕人无论男女老幼，多短服，跣足，着木履，行声嗒嗒，颇有岛国风味。市中有中山公园，系民国十五年所建设。园中有假山真水，花坛竹木，布置极为雅洁，全园系半湖半陆，湖中小船荡漾，出没于假山之间，颇有小西湖之概。陆地设有足球场，篮球场，手球场，及天桥木马等物，专供市民运动之需。惜乎市民无此清福，尽为穿灰服戴圆帽者所专用。

汕市每岁出口货约值二千五百万圆，入口货约值六千万圆，此溢出之数，全赖华侨每岁汇款以补偿之。华侨汇款最多时每岁可入四千八百余万圆，近以南洋事业不振，华侨多无生机，故去岁汇款仅在三千三百万圆左右。

粤胞心灵手巧，性坚忍，尤富于冒险，观于制造品之敏速及航游遍世界二事，可以证之。惟赌兴豪勃，到处表现，旅馆中牌声震耳，夜以继日，是则吾国各处旅舍特有之现象，固无论矣；漫游街中见有高悬牌匾，上书"山铺票"及"山铺新票"等字样。余初以为山西票庄之意，乃详视室中，战士数人，或数十人，环聚一案，大赌特赌，毫无羞涩避忌之态，是又开一新眼界矣！

后赴枫溪考察瓷业，乘潮汕铁路，阅一时半即至。潮汕铁路纯为商办，内部虽不十分完备，然能准时开车，准时抵站，已属难得。车分头二三等。三等皆普通乘客，买票登车，毫无揩油；二等则买票者与不买票者参半，且多有以三等票乘二等车者，查票员检票时，亦不敢深予追问，盖恐其背后皆有枪阶极，动辄享以"耳光"之答礼！头等多系灰色的朋友，手持长枪，足登革履，大声喧嚷，怒目横眉，一若非如此不足以表示出彼等之虎威也者。须有较高之长官同来时，则此辈方肯减格入坐于二等中。至枫溪，详查瓷器制法，仍是几百年前之旧式，以牛蹄蹈土，以老妇臼泥，惟辘轳昔用木制，今改洋灰，昔用手转，今改足登。制造之速，实远出于江西湖南工人之上，是即粤工心灵手巧处。但样式古老，不适于用，是则无人能为改弦更张者。至于窑长费火,种种消失,较诸以机械制造以科学管理者更不可同日而语也。

枫溪视察后越一日赴潮州,即韩文公被贬之地,道途整齐,商贾林立,远非韩公贬谪时代所可比拟。韩公之古迹甚多,惜事忙不及细览。由潮州改乘小火轮渡韩江,历二十小时而至高陂。此地为瓷业之中心,瓷店一百二十余家,瓷户两千余户,环绕于五六十里范围之内,工人三四万人,直接间接赖此以求食者不下四十万众,瓷业与地方关系之重要概可知矣!制法与枫溪同,特以瓷

粤语铿锵

质优良,卖价较高,然近以南洋商业凋敝,外瓷充斥,价值日就低廉,益以瓷户素无积蓄,所需经费多贷自瓷店,而瓷店又转贷自外商,辗转盘剥,利息殊大,此亦瓷业不振之一大原因也。

徽州韵味

徽州韵味

徽州韵味

一都城内冷清清，二都田多少人犁，
三都萝卜似雪梨，四都白菜似粉皮，
五都农家扁担皮，六都西递水如金，
七都来往最便利，八都讲话又一类，
九都出柿还有栗，十都剿匪把民欺，
十一二都山边临，田薄担瘦难旺兴。

每天都有全国各地的游客慕名来到徽州。但

是他们似乎总是弄不清,徽州的方言,究竟有多少种说法?

一只猫的旅行

徽州是一个黑白的世界,一幅青山绿水间的天然水墨画,街贯巷连,粉墨黛瓦,高高的马头墙,威严肃穆的古祠堂。当然,还有那令人着迷的徽州话。

徽州方言被语言学家称为"中国语言活化石",同时它也是最复杂、最难懂的方言。一个不足两万平方公里的区域,往往因为一座山、一条河的阻隔,语言便千变万化。有一种说法是:"在一个县里,有的词汇就有十几种发音。"

徽文化研究者徐艾平曾经写过一篇文章,题目叫《当一只猫在徽州旅行》。

徐艾平假定一只猫在徽州旅行。当它从休宁、祁门、黟县转悠一圈回来,恐怕连它也不知自己叫什么了。

当在休宁的时候,它听见人家喊它:"民,民,民。"到了祁门的时候,虽然相隔不过几十公里,可是人家不再叫它"民",而称它"棉",听起来好像是自己在叫。从祁门转回到黟县那山旮旯,人家又不叫它"棉"了,而是"命、命"地吼叫着,就像自己发怒的时候叫的那样。

徽州话太复杂。

明朝嘉靖年间的《徽州府志》曾记载:"六邑

黟县宏村。

山水相连的徽州,"六邑之语不能相通,非若吴人,其方言大抵相类也"。

之语不能相通,非若吴人,其方言大抵相类也。"

同样的话,不仅外来人犯迷糊,就是黄山市其他区县的人也多半听不懂。

在徽州城乡,男孩叫"囡",女孩叫"妮家",儿媳妇叫"新妇",逛街叫"荡马路",鸡蛋羹叫"鸡子糕",睡觉叫"困觉(kun gao)",玩耍叫"嬉",女孩漂亮叫"标志""像(ceng)样",说男子好叫"气魄量"。

徽州的方言有自己的曲调和韵音,有的是卷舌音,有的又是重叠词,听起来较为软绵。比如,徽州人常将物件很大叫作"老老大",将水浅叫作

"朗朗浅",将天冷叫作"冷修修或冷飕飕",将天凉叫做"凉修修"等。

徽州山水相依,人们以前常散居河边、山洼,因山水的阻隔而往来不多。即使只隔一座山,一条河,语音都会有不小的差异。一个徽州人,如果是跨乡镇或到外县走亲戚,也会常有互相听不懂的时候,以至于常会产生误会。

为了避免这样尴尬的场景,徽州人出远门,除了必须察言观色以外,在正式场合,还往往会请上一个地道的"翻译",以免闹出笑话。

同样的徽州,不同的乡音。一个徽州人,如果是跨乡镇或到外县走亲戚,也会常有互相听不懂话的时候。

古汉语活化石

徽州自古即有"吴头楚尾"之称。位处"皖南山区"的徽州，因为环山闭塞，人们相互间交往较少，方言便成为村落范围内人们日常交往的常用语言，客观上造成了徽州话"隔路三五里，乡音各不同"和"县县有别，隔山相异"的特性。

同时，在中国古代，由于中原地区的政治动荡，徽州在历史上承受了三次中原人口的大迁入。来自中原的移民，在给徽州带来了先进农耕技术，也在与原住民结合通婚的同时，将原有的语言和徽州话充分融合，成为今天徽州方言的一部分。

每个人心中都有一座梦之城，每个人梦中都有一座古城。徽州，便是很多人心中那座城。

徽州韵味

其次，由于政治、地理等因素，徽州大地曾经诞生了叱咤中国商海的徽商，他们以自己杰出的实力，创造了差不多近三百年的辉煌。

徽州，还是程朱理学诞生的地方。富起来的

徽商们，一拨又一拨地将资金投向家乡，建起了独树一帜的徽派建筑。徽商重文兴教，既带来了科举及第的奇观，又使得徽州文风隆盛，产生了我国三大地方文化之一的"徽文化"。

各种方言土语的渗透，以及徽商往来的频繁，给徽州方言带来了难以说透的复杂味道。已故语言学家罗常培就曾在《徽州方言的几个问题》中说道："在我研究过的几种方言里，徽州话算是够复杂的了。"

罗常培还说："在我没到达徽州之前，我总觉得各乡各县之间的差别只是声调的高低罢了。但是，实际的现象是非但县与县之间是两个方言，就连一个县里各乡的音有时候也非要分成两个系统不可。"

但是，不管是多复杂的徽州话，都不得不肯定一点——它保留了更多的古汉语词汇和发音。

以前，煮饭烧菜用柴火当燃料，"砍柴"在歙县四乡发音都不同。歙北叫 zhuo sa（平音），歙东叫 zao xia（后一个字重音），歙西叫 zuo sao（后一个字卷舌），歙南叫 zao sha（后一个字第四声、重音）。在祁门县西路，这个词又叫 zhuo sha 或 zhao sha。这个词书面语则叫"斫柴"，意为砍伐小的树木。

其中，斫是秦汉古音，典型的古代汉语。类似词汇在徽州很多，大人小孩说出来很随意，细琢磨却透着文雅斯文，有浓厚的书卷味。

更好的例子是南宋时期徽州理学大师朱熹的

徽州歙县是牌坊的故乡，每一座牌坊，都含有"忠、孝、节、义"等儒家文化思想，背后都有一个情感交织的感人故事。

名句:"问渠哪得清如许,为有源头活水来。"

数学老师出身的钟海军在他出版的《休宁词汇考古》中称,在这句诗中,"他"是用"渠"来表示的。在休宁,是没有"他"字的,第三人称就是"渠"。

在安徽省徽学会理事许琦的心中,当年不论是肇始于徽班进京的京剧,还是纵横江湖几百年的徽商,也得益于徽州方言的文化基因。在徽帮靠脚板走天下的征程上,多少误会、多少生意,就在一句简单而亲切的乡音里一笑而过,握手达成。

徽州有一首小调《十绣鞋》,讲述的是一个徽州女人对丈夫长期在外经商,用绣鞋的方式唱出对丈夫思念的心情。

徽州民歌是调解情绪的。高兴的时候会唱一个,不好的时候也会唱一个。由劳动人民创造出来的徽州民歌,没有可以印出来的谱子,都是通过传承人口口相传下来的,是用原汁原味的徽州方言唱出来的。

"徽州密码"的尴尬

百年后的今天,徽学、徽文化依旧是文化界的显学,与他们的兴盛相比,作为徽文化载体的徽州方言却陷入了尴尬。

黄山市档案局局长田玉峰便明显地认识到,徽州方言生存的根基开始动摇。

这一切,都算得上是普通话逐渐普及的"产物"。

来徽州,在百年的老宅里,在徽人最多的聚落,才能更常嗅到徽语的芬芳。

钟海军说:"我让小孩写 ji'ge'le(站立的意思),他马上就写'站',实际上,方言里有对应的词汇,但小孩子本能地就对应上普通话词汇,他们是在用另外一种语言

和徽派建筑的依旧强力相比徽语却渐呈一种没落之势。

思考问题了。"

将时间上溯,刚推广普通话的时候,是很多老师想不起怎么用普通话去对应方言中的词汇。而现在,形势已经完全反转,大家开始不知道怎么用方言去对应普通话里的词汇了。

钟海军担忧:渐渐地,徽州人会忘记乡音,丢了自己的根。

徽州方言中语词的丢失,在语音上越来越不够标准,与原先的徽州方言有很大不同。以前,"中午饭"就是"当头",现在都说"吃午饭",把原先的"当头"去掉了,时间长了,这个词语难免不会慢慢从口语中消失。

其中,最严重的恐怕就是祁门了。祁门土话的消失速度是惊人的,在祁门县城,几乎有九成的青少年已经不会说家乡话了。在屯溪,说普通话的年轻人也在越变越多。

孩子讲普通话，很多老人为了"迎合"，也用浓重的方言说普通话。发音别扭，孩子听起来也费劲，结果讲得不伦不类。

没有什么比徽州话更能让一个徽州人迅疾地回归到徽州味道了，这比白墙黑瓦马头墙的徽派建筑更经得起风吹雨打，更加余韵悠长。

黄山徽州文化研究院理事胡时滨说："过去说乡音无改鬓毛衰，现在成了鬓毛未衰乡音改。"在他看来，不管身处何地，当徽州话讲起，一下子就会把自己从异地他乡的浮躁寂寥打回江南的梅子黄时雨。

抢救"当时"

一大早，72岁的胡留芳跟老伴打了招呼就匆匆赶往黄山市里。作为徽州的"发音人"，录制方言这件事既让他意外更让他得意。

翻过群山环抱的村子,越过潺潺的溪流,一个半钟头后,胡留芳老汉见到了负责帮他录音的小胡。简单的问候后,胡留芳走进录音棚,开始了他的工作——将普通话转化成地道的徽州祁门方言。

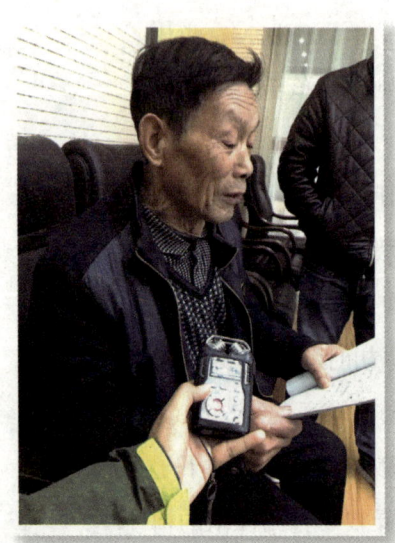

胡留芳老人唱起徽州民歌。

"现在我来读一段口彩,新娘子结婚时候的。一对烛火亮堂堂,恭喜新娘与新郎。百年夫妇今相会,早生贵子状元郎。"

胡留芳悠扬的徽州方言背后,是黄山市档案局启动的徽州方言语音数据库采录工程。在全市选定70个方言点,112个发音人,录制最"土"的徽州方言,建档存储。

同时,黄山市档案局还在推动拍摄徽州方言

纪录片。另外，有很多民间人士也在从事徽州方言的传承和保护。歙县民间自发编撰了《许村志》，走访了100多位村民，收集整理了方言4万字，包括音标、短语、字词。黄山市还有很多年轻人在用方言谱曲作词，排成歌曲传唱。

胡时滨更是极力推崇将方言纳入黟县高中教学大纲。黄山市目前已有极少数学校有方言课，孩子每周都能学到一些方言内容。

与此同时，在黄山的学校里也在尝试着这样的传播——在幼儿园进行传承。

望着远处的青山绿水，徽州民歌传承人凌致远正一句一字地教着一群小学生学习祖先吟唱过的徽剧。而徽州方言承载着的徽州印记，就在这独具韵味的唱腔中，流淌在这些娃娃身上，承接

过去，走向未来……

方言属于语言的一种，不仅仅是历史文化的一个现象，就像一个碗一样，里面可以装菜装饭，打破了你就什么都没有了。假如徽州方言没有了，研究徽州方言的基础、纽带，也便没有了。

在保护方言这个"徽州密码"上，大家都有一个共同的心愿：方言的发音、腔调、韵味都很独特，民歌、小调、戏曲用方言表达才是原汁原味，如果进入课堂，是一种很好的传承。

徽州方言发言人胡留芳老人搜集的徽州民间小调——《十根红花线》。

徽语清音

昂

释义：第一人称"我"

例式：昂去去就来。

尔

释义：第二人称"你"

例式：尔吃起，昂去去就来。

渠

释义：第三人称"他"

例式：昂打渠不过（我打不过他）。

交 关

释义：非常

例式：你屋里阿叔阿伯兄弟六七个，都交关要好。

挨 夜 边

释义：傍晚

例式：又快挨夜边了，下班了吧。

溪 濑

释义：小河

例式：这条溪濑恁多鱼虾。

添

释义：表示重复，相当于普通话的"再"
例式：昂还要吃碗添。（我还要再吃一碗。）

顺手

释义：右手，反手则指左手
例式：当你问路时，徽州人告诉你"顺手走"，就是往右手的方向走。

吃天光

释义：吃早饭，此外，吃午饭是"吃当头"，吃晚饭是"吃落昏"
例式：赶紧的，该起来吃天光了。

徽州人

胡 适

我是安徽徽州人。

让我先把安徽省最南部,徽州一带的地理环境,做个综合的叙述:

徽州在旧制时代是个"府",治下一共有六个"县"。我家世居的绩溪县,便是徽州府里最北的一县。从我县向南去便是歙县和休宁县;向西便是黟县和祁门县;祁门之南便是婺源县。婺源是朱子的家乡,朱熹原来是在福建出生的,但是婺源却是他的祖籍。

徽州全区都是山地,由于黄山的秀丽而远近

闻名。这一带的河流都是自西北向东南流的，最后注入钱塘江。因为山地十分贫瘠，所以徽州的耕地甚少。全年的农产品只能供给当地居民大致三个月的食粮。不足的粮食，就只有向外地去购买补充了。所以我们徽州的山地居民，在此情况下，为着生存，就只有脱离农村，到城市里去经商。因而几千年来，我们徽州人就注定地成为生意人了。

徽州人四出经商，向东去便进入浙江；向东北则去江苏；北上则去沿长江各城镇；西向则去江西；南向则去福建。我们徽州六县大半都是靠近浙江的；只有祁门和婺源靠近江西。近些年来（抗战前后），最西的婺源县，被政府并入江西。但是婺源与安徽的徽州有长久的历史渊源，居民引以为荣，不愿脱离母省，所以群起反对，并发起了一个"婺源返皖"运动。在中国共产党领导大陆前几年，婺源终于被划回安徽；但是我听说最终，婺源又被划给江西了。

所以一千多年来，我们徽州人都是以善于经

商而闻名全国的。一般徽州商人多半是以小生意起家；刻苦耐劳，累积点基金，逐渐努力发展。有的就变成富商大贾了。中国有句话，叫"无徽不成镇"，那就是说，一个地方如果没有徽州人，那这个地方就只是个村落。徽州人住进来了，他们就开始成立店铺，然后逐渐扩张，就把个小村落变成个小市镇了。有关"徽州帮"，其他的故事还多着哩。

我们徽州人通常在十一二三岁时便到城市里去学生意。最初多半是在自家长辈或亲戚的店铺里当学徒。在历时三年的学徒期间，他们是没有薪金的；其后则稍有报酬。直至学徒（和实习）期满，至二十一二岁时，他们可以享有带薪婚假

三个月，还乡结婚。婚假期满，他们又只身返回原来店铺，继续经商。自此以后，他们每三年便有三个月的带薪假期，返乡探亲。所以徽州人有句土语，叫"一世夫妻三年半"。那就是说，一对夫妇的婚后生活至多不过三十六年或四十二年，但是他们一辈子在一起同居的时间，实际上不过三十六个月或四十二个月——也就是三年或三年半了。

当然徽州人也有经商致富的。做了大生意，又有钱，他们也就可以把家眷子女接到一起同住了。

徽州人的生意是全国性的，并不限于邻近各省。近几百年来的食盐贸易差不多都是徽州人垄

断了。食盐是每一个人不可缺少的日食必需品，贸易量是很大的。徽州商人既然垄断了食盐的贸易，所以徽州盐商一直是不讨人欢喜的，甚至是一般人憎恶的对象。你一定听过许多讽刺"徽州盐商"的故事吧！所以我特地举出盐商来说明徽州人在商界所扮演的角色。

徽州人另一项大生意便是当铺。当铺也就是早年的一种银行。通常社会上所流行的"徽州朝奉"一词，原是专指当铺里的朝奉来说的，到后来就泛指一切徽州士绅和商人了。"朝奉"的原义本含有尊敬的意思，表示一个人勤俭刻苦；但有时也具有刻薄等批判的含义，表示一个商人，别的不管，只顾赚钱。总之，徽州人正如英伦三岛上的苏格兰人一样，四出经商，足迹遍于全国。最初都以小本经营起家，而逐渐发财致富，以至于在全国各地落户定居。因此你如在各地旅行，你总可发现许多人的原籍都是徽州的。例如姓汪的和姓程的，几乎是清一色的徽州人。其他如叶、潘、胡、俞、余、姚诸姓，也大半是源出徽州。当你翻阅中国电话簿,一看人名,你就可知道他们的籍贯。正如在美国一样,人们一看电话簿,便知道谁是苏格兰人,谁是爱尔兰人,谁是瑞典人、挪威人等一样的清楚。

火辣东北

火辣东北

火辣东北

拉大锯，扯大锯，
老家门口唱大戏，
接闺女，唤女婿，
小外甥，也要去，
光俩脚丫干啥去，
一条疙瘩打回去。

去到东北，在任何一个旮旯亲耳聆听东北人

致我们正在消逝的文化印记·百变方言

　　冰雪天地中的东北，极寒的风物孕育的却是极热的东北性格。同火辣辣的东北人一样，东北方言也是豪放、直爽和幽默的。

说东北话，都有一股自来的爽劲，无论多么天寒地冻的气候，也能瞬间就被融化掉了。

闯向关东

山海关城的东门，界定着关内与关外的大地。

在历史上，苍茫的关外是草原民族生长的地方。白山黑水之间走出了无数叱咤风云的豪杰，他们血性，他们纯爷们儿。

19世纪中叶，虚掩的山海关大门敞开，关内的人们开始大批地涌向关外。奔波流离，像一叶

雄峻险峨的山海关，曾经是阻隔关内关外的锁匙。而当它的大门一旦打开，它就成了关内关外连接的桥梁。

原本闯关东是关内人在生活逼迫下的一种生存方式。这一批人背井离乡,历经曲折坎坷,但也给东北这片土地带来了新的生机,新的文化。

浮萍,凭着一腔信念,远走他乡。

闯关东,是一场人潮的流动,也是一次文化的邂逅。在开放的历史条件下,中原文化迅速在关外扩散,而黑土地般的本土气质也在深深地影响着这些新来的移民。

背井离乡,旅程的艰难已经远去,关东,成了一代闯关东人新的故乡。在白山黑水的滋养下,他们变得和这里原本的民族一样,奔放、豪气。

一方水土养育一方人,东北人的脾性是与生俱来的。东北的人,爱了就敢说爱,恨了就敢说恨,犹如雪地里的白杨,站着直立,傲然风雪,不怕酷暑严冬。

那一个个红高粱脸膛,大山一般的身板,走路如风,说话的声音像洪钟,喝酒用碗,讲究大口大口地喝,要不就是养金鱼呢。

大气而不乏细腻,豪放而不婉约,真诚而坚韧,这就是东北人,也是东北的乡音。

三省同音

在闯关东的影响下,东北的语言发生了实质的融合流变,通过三百年的转承启合,最终形成了现在的样貌。

在汉文化本土文化在交融共生,语言也在聚散成型。民族间的融合,必然带来语言的融合。在东北方言的层面上,我们可以清晰地看出这样的痕迹。

东北人常说的"磨叽",就来自满语。"干棒楞子"也是,在吉林省九台市有一个其塔木乡,其塔木,在满语中就是站杆树的意思,指清一色枯干的树,即"干棒楞子",于是演变流传,终成"清一色"之意。

除了与本土民族语言的融合,外来语的影响

汉满语言的相融相合,是东北方言的最大特色。图为满族民居。

也是甚多。如称下小上大的水桶为"畏大罗",称俄罗斯面包为"列巴",就来自于俄语的冲击。

东北方言简洁、形象、生动、高昂,富于节奏感,这和东北人豪放、直率、幽默的性格有着高度的契合。

其实,东北方言相比于南方方言巨大的差异化,它并不难识别,甚至更接近普通话。

除了受本土民族语言的影响,东北方言受俄语文化的冲击也较多。

东北方言虽也有片区,但它同一望无际的松嫩平原一样,在东三省之间,差别并不明显。都说方言"十里不同音",可东北方言在黑、吉、辽三省和内蒙古部分地区除了平卷舌略有区别外，表达方式和诠释内容基本都一致，绝不会出现辽宁人听不懂黑龙江话或吉林人不明白辽宁人说啥的情况。

即便是极具地方特色的"哈喇""喇忽""贼"等词，放在特定的语境中，我们也能一下听出其中的含义，不至于抓耳挠腮。

在中国的方言大家庭当中，东北方言可谓是一种带有极强烈的地理特征和清晰的辨识度的语言，她的覆盖面积超过 80 万平方公里国土，覆盖人口超过 1 亿。

这是一组让人震撼的数字。她就好像是方言的"王者"，俯瞰着黑山白水的芸芸众生。

广袤的松嫩平原上，东北人之间流转着同样的乡音。

方言下酒

东北方言经常走出去。

在中国幽默戏的大家庭中,东北方言也许是出代表人物和霸屏率最高的一种了。赵本山的深远影响,二人转的全民普及,把东北话又从关外推向了关内。

现在,我们很容易地就能听到,在不是东北

幽默味十足的东北方言,感染着一拨拨的外地人。

人的人的口中,能蹦出"你哪嘎达的啊?""这姑娘贼美"等词,听者会心一笑,将东北话的得劲、幽默完美演绎在外地人的口中。

感染外地人的,是东北人自己说东北话,骨子里的一种爽气。

东北话"尿性""贼",凑到一块儿就是"贼尿兴"。

"北京时间 10 点 04 分,我们来关注一条路况信息啊,是宋先生给我们发来路况,说哪儿呢,说这宽城街和花园街这嘎达这个交叉口,啊这个信号灯坏了,出毛病了,四个方向的车啊都拧扯到一块儿了,堵在一嘎达,你说这怎么整呢,我在这儿呢呼吁驾驶员朋友就别来这儿了,建议绕行,具体去哪儿,你们自己寻思吧。"

每天早晨在北方城市的哈尔滨,收音机电台里都会准时传来白云类似的声音,人们已经习惯了这样极富东北味儿的播报。用一位出租车司机的话来说,就是:"感觉像在零下 20 多度的三九天啃冻梨,那滋味是只有东北人能体会到的

火辣东北

东北人享受听东北话的乐趣就像酒瘾大的人只喝土酿的小烧,图的就是那种火辣辣的快感。

'得劲'和'爽'。"

原来张嘴就来的家乡话,现在成了养家糊口的手段,播音员白云表现得颇为自豪。其实,用东北话播天气并不是白云的唯一,他也播新闻,播路况。

一时间,从沈阳、长春到哈尔滨、大连……大街小巷,收音机、电视机里说东北话、唠东北嗑成了东北人出门或休闲时不可或缺的"下酒菜"。东北人享受听东北话的乐趣就像酒瘾大的人只喝

白云正在跟记者毛更伟聊天。

土酿的小烧，图的就是那种火辣辣的快感。

就像白云的经历."我亲姨有一次说，你们台有个女的那么der呢！啥都敢lai（三声），说话贼垮！屯了吧唧的。我心想谁呀，谁还能比我更垮呢？后来一想哎呀妈呀那不是我嘛！"

衰退？保留？

火着的东北话的背后，衰退的步伐却正在加大。

火辣东北

随着改革开放大潮的涌动，不甘寂寞的东北人也走了出去，走到了北京、上海、广东、深圳……浓浓的乡音也成为他们身上最显著的标签。

但是，随着东北人一起流走的，还有他们的语言，一些原汁原味的东北词也正在被东北人遗忘，这一点，连做了多年东北话主播的白云也不例外。

有一次白云听别人说"炕琴"，愣没搞懂是啥意思。在白云心中，这是有年代感的人才知道的词儿，新生代的年轻人很多已经遗忘了，或者是根本就没有接触过。直到通过询问上岁数的人，白云才明白，"炕琴"是装被子（褥子）的柜子。

大批东北人走出了东北，奔向了全国各地。但是，随着东北人一起流走的，还有他们那种纯正的乡音。

难倒白云的不止"炕琴",还有"搁能"(ge neng 一声)。要说它是垃圾,比如垃圾箱,纸篓里的东西那叫搁能,估计很多地道的东北人也说不上来。

有的词语正在远去,危机迫近这个有着1亿人口的方言,传承的声音随之崛起。

普通话可以正式,但在茶余饭后,三朋五友的闲聊中,却只有乡音才能透出亲昵的味道。东

火辣东北

真实的生活无须改变，真实的乡间也应该保留、应该传承。

北人和东北人之间聊天会盘腿，犹如上炕，再加上一口纯正爽气的东北话，那贼实在。真实的生活就该透出真实的味道，是乡音，就该展现在有乡音的地方。

我们真不希望，在百年后的黑土地上，已没人能说得出一口流利的乡音。

记者手记

"方言季"是中央人民广播电台"致我们正在消逝的文化印记"的第一季,而《东北那嘎达》是"方言季"的第一篇。所以,接到这个采访任务,我还真有点"重任在肩"的意思(后来由于节目设置等原因,这篇稿子最终没有在第一篇播出,这是后话)。此外,还有一种莫名的兴奋,我想,这跟我就是东北人有关系,采访自己使用了将近四十年的方言,用广播纪录片的形式,为家乡话留存国家级"声音档案",这已经超出了普通采访范畴。

和我有着同样复杂心情的应该还有这组报道的策划人,同时也是东北人的"中国之声"副总监高岩,有操着一口正宗东北话的策划人任捷老师，还有我们黑龙江站全员上阵参加这次报道的同志们。我很少见到高岩和任捷为一篇稿子提出那么多意见，进行那么多次争论，站里的老同志杨沼畔为了录到集市上东北话的吆喝声，在零下20多度的严寒中，站了很久……

东北方言貌似很强大，不管是大江南北，北京、上海、广东、海南，当地人见到东北朋友都能像模像样地整上两句，还有活跃在各大卫视舞台上的东北小品演员，随便甩出个词儿来，就能变成流行语。所以，我们一开始就在为"这到底是不是'即将消逝的'"这个关键点纠结，如果没有要消逝的意思，那就跑题了。采访，真正深入到东北方言人群当中的采访才能给我们准确答案。

我们采访了专门用东北方言播报路况和天气的电台女主播白云，在直播间里听她跟听众唠嗑，这个长相很洋气的东北女孩儿，一张嘴就是大碴子味的"嘎哈去啊"，让人忍俊不禁；去了号称全黑龙江台说话最"土"、最有东北方言特点的郭亚洲大哥家里，看他和嫂子用东北话拌嘴（争吵），在他家，我们发现了一个更大的"秘密"，那就是他媳妇说话比他还"土"；我们去东北农村集市，录小贩高喊"卖冻梨冻柿子喽"的声音；我们还采访了专门研究东北方言历史演变过程的学者……有那么多的词汇是那么熟悉而陌生，熟悉是因为听过，陌生是已经很久没有听人说了，十分接近于普通话的东北话在披上一件"简单易懂，易于传播"的外衣同时，正在渐渐失去她原有的地方特色。融合、演变、消亡，这几乎是所有方言的最终命运，东北方言也难逃过。淡淡的忧伤确实有，但这是文化的正常演进，比洪水猛兽还难阻挡，不过也验证了我们做"文化印记"的必要。还记得我当时写了一篇手记——《东北话是东北人的灵魂》，用这样的标题，觉得多少会引起争议，没想到，在中国之声的微信公众号发出后，引起了很多人的共鸣，这其中，绝大多数是东北人。

如果每一种方言都是一门艺术，那熟练掌握各种方言的人，都该是艺术家——不管他们在社会中的身份是出租车司机、饭店服务生还是公务员。和那些相对晦涩难懂的方言相比，东北话很容易让人听得明白，听得舒服，也听得爽快，即便有一些不懂的词语，稍加注解也能明白个大概。东北人自己标榜东北话是相对最接近普通话的方言，听到这话北京人恐怕就不干了。

其实，我们采访的哈尔滨师范大学专门研究东北方言的专家梁晓玲已经告诉我们，现在的东北话有相当部分就是从正宗的北京话演变、融合过来的。据说清朝的时候，为了惩罚那些懒惰或者犯了错误的八旗子弟，就把他们赶到东北来垦荒，这些北京人在东北正式安家，也由此成为影响当代东北话形成的要素。

东北方言在融合中走到今天，东北人也在各种迁徙、闯关东中形成了特色的族群，和很多其他方言地区的人一样，东北人也愿意用方言标识自己的身份，那些漂泊或扎根于东北之外的土地的"梁先生"们，曾经为了融入外地而被方言所累，但当他们回头再看家乡时，却时时把乡音入梦。"离了家，离开了白山黑水，离开了熟悉的大豆高梁，我还是东北人吗？"发此一问的不止梁先生一个，答案也许就是他们身上还残存的东北方言碎片，几十年不改，几十年就有东北印记。

最后，还要多说几句，因为这篇稿子有可能被换掉，据理力争的高岩大姐哭过，一直苛求稿件质量、从来不假颜色的任捷大姐用满是歉意的口吻跟我解释，我在哈尔滨急得直蹦，要去北京商量……因为之前的采访已经勾起了太多东北人的想象和乡愁，还有许多五味杂陈的滋味。好在，最后这篇稿子播出了，我自认为给东北人了一个交代。

毛更伟

东北清音

释义：欺骗、蒙骗
例式：你别听他忽悠你了。

释义：办事儿拖拖拉拉、不利索
例式：别磨叽了，快走吧。

释义：聊天
例式：他没有唱歌，也没有跟别人唠嗑。

砢碜

释义：丢人、没有面子

例式：红衣服配个绿裤子，还搭个黑帽子白鞋，太砢碜了。

咋整

释义：怎么办

例式：这坎儿过不去了，咋整啊。

稀罕

释义：喜欢

例式：他真的是很稀罕你呢。

掰扯

释义：说话，讲道理

例式：让我把这破沙发拉回去，掰扯看到底是谁跟我过不去。

皮儿皮儿

释义：乱七八糟的

例式：老王家那小子把家里造得皮儿皮儿的。

递溜蒜卦

释义：不整齐

例式：你看你收拾的行李，递溜蒜卦的，怎么拿啊。

释义：指地方难走

例式：那道也难走，急了拐弯的。

释义：着急

例式：你这人咋回事，一说话就急头白脸的。

释义：指做表面功夫

例式：你别跟我虚头巴脑了，要借钱就直说。

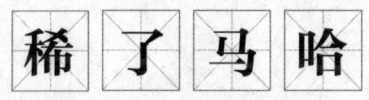

释义:马虎

例式:别和他做事了,那小子稀了马哈的。

释义:不起作用

例式:你也太不顶愣了,这么点事儿都整不明白。

释义:说话快、脆生

例式:那丫头说话叭叭的,就是做起事来糊涂。

哈尔滨

靳 以

小巴黎

哈尔滨是被许多人称为"小巴黎"的。中国人在心目中都以为上海该算是中国最繁华的城市，可是到过了哈尔滨就会觉得这样的话未必十分可信。自然，哈尔滨没有那种美国式的摩天楼，也没有红木铺成的马路；但是，因为住了那么多有钱的人，又是那么一个重要的铁路交叉点，个人间豪华的生活达到更高快地来了，这为一切中国外国女人所喜欢。在那条最热闹的基达伊斯基大街上，窗橱里都是出奇地陈列了新到的这一类货品。这使女人们笑逐颜开，而男从们紧皱眉头。（有的男人也许不是这样的。）钱像是很容易赚进来，可是更容易花出去。当然，这里也像其余的大都市一样，包含了许多人一辈子两辈子也花不光的财产的富人；又有一爿大的铁路局，直接地间接地豢养了成千成万的人，使这个城市的繁荣永远不会衰凋下来。住在吉林和黑龙江的人希望到哈尔滨走走，正如内地的人想着到上海观光一样。就是到过多少大都市的人，也能为这个都市的一切进展所惊住。尤其是到过外国的人，走在南岗马家沟道里的街上，会立刻引起对异国的追想。一切都仿佛是在外国，来往的行人也多半不

是中国人。我就时常惊讶着，当我走在志岗的居住区的一路上，那样的建筑直使我想起一些俄国作家所描写的乡间建筑。间或有一两个俄国孩子从房里跑出来，更使我想到我不在中国，轻婉的琴声，如仙乐一样地从房子里飘出来。

多少街上也都是列满了俄国商店，再高贵些的就是法国商店。在那样的街上如果一个人不会说一句中国话，不会感到什么方便；若是不会说俄文，就有处处都走不通之苦。这正是哈尔滨，被人称为"小巴黎"的一个东方都市。

街　路

我很喜欢那里以长方石铺成的街路。不像其他的都市一样，用沥青和沙石来造平滑的路，却多半是七寸长五寸方石块来铺路的。当着坐在马车里，马的蹄子打在路上，我十分喜欢谛听着那清脆而不尖锐得厌人的声音，那些路也是平坦的，可并不是像镜子一样的光滑。就是在道外，一条正阳街也是用这样的石块铺成的。

　　这样的路在冬天经过几月的冰冻之后，可不会就坏掉了，而在夏天，也没有为太阳照得渗出的沥青油来粘着行人的脚。走在这样的路上是爽快的。在深夜我时常喜欢一个人在街心走着，听着自己的鞋跟踏在路上的声音。这样我愈走愈高兴，能独自走很长的一条路。

街上的车

　　跑在街上的车，我最喜欢的是一种叫作斗子车的了。那车是驾了一匹马，拖了一个斗一样的车厢，两旁两个大车轮子，上去的时候要从后面把座位掀起来。我坐到那上面，走在清静的街上，我会要御者把鞭子给我，由我来指挥那匹马行走。但是在繁闹的街市，他就拿过去了，为着怕出危险的缘故。因为没有易于上下的地方，许多人是不愿意坐那样的车，若是出了事会有更大的危险。我却不怕，友人告诉我几次斗子车从南岗下坡滚下来出事的事情,我还常是一个人偷偷地去乘坐,因为我是最喜欢那车子的。

那里的电车比起上海来要好出许多许多,第一就看不见那种习于舞弊的讨厌的售票人。而车中的布置,座位的舒适和我自己所坐过的一些都市中的电车来比较,也是要居于第一位。那上面的司机人和售票人都是初中毕业的青年人,在二十岁左右,穿着合身的制服。没有头等和三等的分别,座位上都铺了绿绒。乘客必须从车的后门上来,前门下去,免去一些拥挤。到了每一个停站,售票人用中国话叫一次之后,再用俄文叫一次。他们负责地使电车在街上安顺地驶行。

大汽车也是多的,除开了到四乡去的之外,从道里到道外,南岗,马家沟,都有这样的车。这不是一个公司的营业,可是无数的大汽车联合起来收同一的车价,走着规业的路程,对乘客的人数有一定的限度。更便利的是那些在街上往返走着的小汽车,随时可以停下来,只要花一毛钱,就可以带乘客到很远的地方。

再有的就是马车和人力车,人力车的数量是最少的。

夜之街

到晚上,哈尔滨的街是更美丽的。但是在这里我要说的街是指基达伊斯基大街和与它连着的那些条横街。

无论是夏天和冬天,近晚的时节,在办公室的和家中的人就起始到街上来。只有饮食店,药店是还开着时,其余的商店都已锁好了门,可是窗橱里却明着耀眼的灯。那些窗饰,多是由专家来布置,有着异样引人的力量。渐渐地人多起来了,从左面的行人路顺着走下去,又从右面的行人路上走回来。大家在说着话,笑着沿着这条街往返地散着步。在夏天,有拿了花束在贩卖的小贩,那些花朵照在灯光之下,像是更美丽一些。到了冬天，却是擦得发亮的红苹果，在反衬着白色的积雪。相识的人遇见了，举举帽子或是点点头，仍然不停止他们的行走。有一段路，伫立了许多行人，谛听着扩大器放出来的音乐。在工作之余，他们不用代价而取得精神上的粮食。

在一些横的街上，是较为清静一些，路灯的光把树叶的影子印在路上，衰老的俄国人，正在絮絮地说着已经没有的好日子。在那边遮在树影下的长凳上，也许坐了一对年轻人，说着年轻人的笨话，做着年轻人的笨事。在日间也许以为是丑恶的，可是美丽的夜，把美丽的衣裳披在一切的上面，什么都像是很美好的了。

太阳岛

夏日里，太阳岛是人人想去的地方。可是当我的友人说的时候，他却说可以不必去，因为过了江就有盗匪。但是我确实地知道许多俄国男人和女人是仍旧去的,每次走在江边,也看到了许多人在等候着渡船过去。于是我和另外的一个友人约着去一次。

到那边去可以乘坐公共过渡汽船,也能乘坐帆船,还可以坐着瘦小的舢舨过去。我们是租好一只舢舨,要自己摇过去。从江边到太阳岛,也有几里的路程,到了岛,已经费去一小时的工夫。我们把船拴在岸旁,走上岸去。

沿着岸,麇集了许多舢舨游船,沙岸上,密密地排满了人。有的坐着有的睡着,好多女人是用好看的姿势站在那里。那都是俄国人,穿着游人泳衣,女人把绸带束在头上,笑着闹着,一些人在水中游着。有的人,驾了窄小的独木舟,用长桨左右地拨着。随时这独木舟会翻到水中去,驾船的人也会游泳,把倾覆的船翻过来。又坐到里面去,继续地划着前进。

在岛的尽头有一家冷饮店,装饰成一个大船的样子,有奏乐的人在吹奏。很多穿了美丽游泳衣的女人坐在那里,喝着冷饮。她们的衣服没有一点水,也没有一点沙子,只是坐在那里瞟着来往的男人。没多远,就有荷枪的卫兵守在那里,这是用以警备盗匪的袭击。

回去的时候,太阳是将近落下了。温煦的阳光照在我们的脸上,斜映起江波上的金花闪耀着我们的眼睛。我们一下一下地向着东面划去,留在我们后面的船只能看见黑黑的影子,柔曼的歌声从水上飘到我们这里来。

道　外

写到"道外"这一节,我就要皱起眉头来。我并不是因为曾经在外国住得久(其实我连去都没有去过)忘了自己的祖国,无理由地厌恶着中国所有的一切。若是稍稍把情感沉下去,想到住满了中国人的道外区,立刻就有一副污秽的景象在脑中涌起来,就没有法子使我不感到厌恶。

只有一条正阳街稍稍整齐些,可是盖在木板

下的阴沟,就发着强烈的臭味。横街上呢,涂满了泥水的猪还在阴沟里卧着,两旁的秽土像小山一样地堆积起来。

沿着江边的一条路,是排满了土娼的街。苦工们有了钱,到这里来花去的。只要坐在从车站到道外的电车上,就能经过这条街,靠西的一排,都是这样矮小的房子,挂了红布窗帘。那里还有囤积黄豆的粮食,雨下得多了,豆子存的日子久了,发了芽,渐渐地腐烂起来,冒出比什么也难闻的气味。

因为木料价格的低下,还有当局的疏忽,所有的建筑物都少用砖泥洋灰。所以,火灾每天至少总有两三起。一起也很少是一小部分,因为房屋太密了,一阵火就能烧光了一大片,使多少人没有安身的地方。但是当着这被毁后的房子再造起来,只顾目前的便宜,仍然大量地用着木材。这正是我们中国人办事的精神,这里也正是完全住了中国人的区域。

方言后记：

17天，叫醒你的耳朵
——《致我们正在消逝的文化印记·方言季》的策划三思

从一开始，我们就是要把《方言季》做成一个声音多元的产品，这个想法一直很坚定！

广播几经浮沉，几多转变，在新媒体的围追堵截之下，我们手里好像就只剩下一根电话线了。年轻的广播记者似乎只识得连线这一种广播表现形态，广播的优势何在？利器何寻？

方言后记：17 天，叫醒你的耳朵

第一次听到《致我们正在消逝的文化印记》这个题目，是 2015 年 11 月 13 日下午 3 点，频率领导召开了一个策划会。阎晓明台长亲自定题大型系列节目，追寻即将消逝的文化标识，探讨在现代化进程中如何留住中华民族的根和魂。

《方言季》作为《致我们正在消逝的文化印记》这个大系列的开篇，这一季还具有开创意义，也就是为这个庞大的系列节目建树一个样本。作为第一季《方言季》的策划和总撰稿，在开会时，我并没有想如何开题，满脑子都在现划拉记者人选，因为从那一刻到 11 月 30 日《方言季》播出，留给我的时间只有 17 天！

清晰地记得那天是周五，散会已经是晚上 6 点，采访、制作的时间又少了一天。

还好，我想到的记者都欣然参加项目组。有点出乎我的意料，大家对这个有些哲学意味的命题有一种非常强烈的探究热情。在信息化、碎片化的洪流里身不由己同质化，媒体人谁不渴望独特、独到、独家？

广播新闻大提速，形态也越来越单一，电话连线成为双刃剑，快的同时，也丧失了一定的表现力和深度。我们已经久违了曾经的声音呈现。而选择方言作为开篇，恰恰是因为方言本身就是一种极具魅力和表现张力的声音，更因为方言和每一个人都有着与生俱来的关联，最容易触发共鸣，这或许是《方言季》获得广泛传播的成功所在。

我们选择了东西南北等几大方言，上海、陕西、东北、四川、广东、徽州，这几种方言的知晓度比较高，同时在地域文化上也具有代表性。当我们制作团队静下心来审度方言的现实生存状态时，我们发现，几乎所有的方言处境是一样的，就连地方政府保护方言文化的措施和应对也几近相同。如果《方言季》要做6种方言，6集将会是一个模样。如何破解雷同的尴尬？如何用声音叫醒耳朵？如何用乡音触碰心底窖藏的乡愁？在8分钟，如此短的时间里。

方言后记：17天，叫醒你的耳朵

一、做样态

要想在日复一日的节目播出规范模式中脱颖而出，让受众明确地感受到《方言季》是央广精心打造的一个特别策划节目，有别于日常，就必须做一个非常个性化的样态，晃人眼、震人耳，而且，可以在新媒体上有效便捷地传播。我首先想到的就是，方言关乎人们心中最普遍的情绪是什么？那就是乡愁！记得住乡愁，就是乡音乡情，就是故乡，就是家的烙印。所以我设计的节目样态是每集用当地方言童谣开头，结尾是当地百姓用一个字来评说自己的方言。

为什么要用方言童谣开头？就是要在节目一开始瞬间将听众带入，将母语、母亲、家的记忆唤醒，因为我们儿时记忆最深刻最温暖的就是母亲哼唱的摇篮曲和歌谣。乡音，就是爸爸妈妈的口音！谁听到、学会的第一句话，不是带着爸爸妈妈的口音呢？如此纯真稚嫩的声音，不仅童趣生动，而且引发所有人亲切难忘的童年回忆，这是一种普适情愫，更深刻的内涵则是，我们生命的发端和源头以及牵系我们一辈子的乡愁。果然，每集开头的方言童谣，直戳泪点直指心窝。

在关于童谣的运用上，我们团队有过争论，有人认为表演的合唱童谣音质好、元素多，搁在节目开头好听，但我认为，这是一个新闻类节目，应该用实录，真实才是最具力量的。同时，运用童谣打头，是有很多寄寓的，并不只是为了浅层面的好听。因为妈妈给孩子唱歌谣，一定是一对一的，绝不可能是合唱！好听和动人，你会怎么选？所以，在制作中，我全部选取了记者在当地采访时实录的小朋友吟唱，并没有用现成光盘上的表演录音。

每集结尾，我设计了一组随机采访，当地人用一个字来评说自己的方言，妙趣横生的点评满满都是对这方水土的热爱。同时，普通百姓对自己方言的评论，不同于专家理性的学术观点，它带着炽热的温度，充满了文化自信！他们语言鲜活灵动，感染力超强。

这样有设计的首尾呼应，妙趣与深刻并存。我们追求广播节目的形式感，并不是单纯做一个看上去很美的样态，而是这种样态一定具有丰富深刻的蕴含和内在逻辑。从童谣开始到一字评说，又很像是一个生命成长的历程。每个人，从咿呀学语到认知、理解、挚爱自己的方言。

二、找视角

方言不是新闻，也不是事件，如何寻找它的报道视角？广播是一个非常擅长和适合讲故事的媒体。讲故事，自然是要讲人的故事，这就恰好和方言的属性对应上了。方言是用来说的，谁在说方言？谁在传承？谁在护佑？因此，我在确定每一集的采访人物和故事时，就有意识地进行报道视角的策划，从而破解了几集雷同的难题，因为，人物故事的不同，带来了不同的报道角度。

《神谝陕西》选取了华阴老腔传承人和黑撒摇滚乐队主唱们的故事，着重表现陕西方言传统与现代的冲突与融合,十三朝古都,深厚的文化底蕴,主唱们融入现代表达将陕西方言唱遍世界。

《四川"好巴适"》则是一群外国人扎根成都,他们来自美国等发达国家,代表着强势文化、前卫文化,老外们却说着流利的四川方言,怡然生活在天府之国。随着中国经济的快速发展,国力日益增强,有许多国家的大学都开设了汉语课程,外国人学汉语,早已经不是什么新鲜事了,但为什么我要把这个视角搁在四川这一集呢?改革开放以来,四川流出人口一直位居全国前三名,去的去,来的来!尽管有许多人离开,但美国的年轻人却迷恋着麻辣鲜香的川味道,四川方言以自己特有的魅力活着。

四川是流出人口最多,广东则是流入人口最多,《粤语铿锵》正是呈现经济融合下的文化迷失。粤语文化曾经深刻影响20世纪80年代中国社会以及一代人,如今,在大量外来人口带来的多元文化融合下,粤语式微几乎是必然的,这种碰撞里,有交融有发展,这或许是方言传承、发展的未来趋势。

正因为我们用心去挖掘人物故事,从而顺势就拉出方言季几集每一集自己的独特视角。用这几个视角来架构一个季的逻辑关系,以此来观照方言现实的生存状态。把政府的抢救、专家的挽救、民众的自觉保护行动不是生硬地而是有机地渗透到节目当中。

三、巧布排

在《方言季》,布排无所不在。集与集的先后序列,每一集的架构以及多个音响的叠混,都经过精心策划。

作为一个系列节目,不仅每一集独立成篇,而且各集之间必须有相互勾连和内在逻辑,以形成季播节目的合力。比如,《方言季》第一集是《上海的"腔调"》,紧接着就推出第二集《神谝陕西》,从吴侬软语的灵秀洋气,一下就拉到传统韵味十足、豪放醇厚的大西北,不但从时空上东西大跨度拉开，同时，在地域特色上有鲜明的区分，听觉上，这种风格上的反差也令人耳目一新。把地域时空和方言风格拉开之后，第三集《四川"好巴适"》转换到外国人学说汉语，这既是视角的切换，也是再次刷新听觉风格。到了第四集的《粤语铿锵》，则满场弥漫回荡着人们耳熟能详的粤语歌曲，一代人的记忆在古意盎然的铿锵粤语声调中复活。地域的大开大合，带来了风格上的鲜明特色，形成每天崭新的收听期待。

作为广播纪录片，主要是运用音响来呈现来阐述。在个趄过 8 分钟的节目体量里，如何布排、组接大量音响，让有限的时长富含最多的内涵，体现最大的张力，形成最强的感染，这不仅需要飞扬的思绪，更需要内在逻辑的支撑。

《神谝陕西》开头，用一组西安城的典型音响亮相，稚拙的童谣、黑撒摇滚乐队方言 Rap、秦腔的铿锵锣鼓、大雁塔的悠悠钟声、小吃街的市井热闹、华阴老腔血脉偾张的唱腔，黄钟大吕声中这一串陕西风素描城市印象大写意，把传统与

方言后记：17天，叫醒你的耳朵

现代的碰撞及交融宣示得淋漓尽致。《四川"好巴适"》在童谣的稚趣里叠出高亢嘹亮的川江号子，在川江号子的回荡里飘出成都街巷中茶馆里的安逸闲适，成都是有味道的！只要一提起四川，谁能不立刻想到，麻辣鲜香的醇浓？漂洋过海的老外们浸润在天府之国麻辣与温暾的韵味里，流连不返。文化的魅力具有如此强的黏合力！《粤语铿锵》的开头是一串曾经红遍大江南北的粤语经典老歌和红线女的经典粤剧唱段，让粤语经典唤起人们的集体记忆的同时，我叠混进去一个广州地铁的报站，短短3秒钟，既是历史和现实的转场，又是艺术与新闻的切换，同时在这3秒钟里隐去红线女的唱腔，不着痕迹地换成了广东音乐《平湖秋乐》，作为解说的垫乐。因为红线女的唱腔又高又尖是无法作为解说垫乐的。像这样的音响运用和处理，也是《方言季》音响丰富好听的重要原因之一。

习近平总书记指出：中华优秀传统文化是中华民族的精神命脉，是涵养社会主义核心价值观的重要源泉,也是我们在世界文化激荡中站稳脚跟的坚实根基。要结合新的时代条件传承和弘扬中华优秀传统文化,传承和弘扬中华美学精神。可以说《致我们正在消逝的文化印记》是国家电台对传统文化的一次寻根,引发了全社会对传统文化保护的一场深层次的文化沉思。

《致我们正在消逝的文化印记》在传统和时尚中寻求融合,在静态和动态中寻找突破,业界称之为具有"样本"意义的"广播纪录片"。作品在广播频率及央广网、两微一端、音频电台、今日头条等新媒体同步播发,均被大量转发,取得良好传播效果。作为蜻蜓FM首次推出的纪录片性质节目,收听率等数据刷新音频类APP播放的多项纪录。《方言季》在蜻蜓FM新闻频道首页小图置顶推荐三天,总播放量达到121.12万。

网友说得好:不只有舌尖上的中国,还有耳朵里的故乡!

任 捷

图书在版编目（CIP）数据

致我们正在消逝的文化印记．百变方言／阎晓明主编．— 北京：中国广播影视出版社，2018.1（2025.1重印）
ISBN 978-7-5043-8002-9

Ⅰ．①致… Ⅱ．①阎… Ⅲ．①中华文化－研究②汉语方言 Ⅳ．① G122 ② H17

中国版本图书馆 CIP 数据核字（2017）第 223031 号

致我们正在消逝的文化印记·百变方言
阎晓明　主编

责任编辑	陈丹桦
装帧设计	嘉信一丁
插　　图	达　三
责任校对	龚　晨

出版发行	中国广播影视出版社
电　　话	010-86093580　010-86093583
社　　址	北京市西城区真武庙二条 9 号
邮　　编	100045
网　　址	www.crtp.com.cn

经　　销	全国各地新华书店
印　　刷	永清县晔盛亚胶印有限公司

开　　本	880 毫米 ×1230 毫米　1/32
字　　数	96(千)字
印　　张	7.875
版　　次	2018 年 1 月第 1 版　2025 年 1 月第 2 次印刷

书　　号	ISBN 978-7-5043-8002-9
定　　价	48.00 元

（版权所有　翻印必究·印装有误　负责调换）